犯罪心理学

犯罪心理画像实录

叶鸿羽 著

台海出版社

图书在版编目（CIP）数据

犯罪心理学：犯罪心理画像实录 / 叶鸿羽著 . --
北京：台海出版社，2019.1（2022.6 重印）
ISBN 978-7-5168-2210-4

Ⅰ . ①犯… Ⅱ . ①叶… Ⅲ . ①犯罪心理学—通俗读物
Ⅳ . ① D917.2-49

中国版本图书馆 CIP 数据核字（2018）第 298587 号

犯罪心理学：犯罪心理画像实录

著　　者：叶鸿羽

责任编辑：贾风华　　　　　　　　装帧设计：仙境
责任印制：蔡　旭

出版发行：台海出版社
地　　址：北京市东城区景山东街 20 号　邮政编码：100009
电　　话：010 — 64041652（发行，邮购）
传　　真：010 — 84045799（总编室）
网　　址：www.taimeng.org.cn/thcbs/default.htm
E – mail：thcbs@126.com

印　　刷：三河市嘉科万达彩色印刷有限公司
开　　本：710 毫米 ×1000 毫米　1/16
字　　数：190 千字
印　　张：14.5
版　　次：2019 年 5 月第 1 版
印　　次：2022 年 6 月第 11 次印刷
书　　号：ISBN 978-7-5168-2210-4
定　　价：45.00 元

前　言

在阿尔图纳的伍普索纳克山山顶，一名男子正在悠闲地散步。正走着，他突然被脚下的东西绊了一下，低头一看，竟然是一具尸体，他顿时吓得魂飞魄散，立刻打电话报了警。

警方赶到现场经过勘查后发现，尸体被严重地肢解，绊倒那名男子的是保存比较完好的部分尸体。死者还遭到了凶手的殴打，眼睛青肿，下颚骨被打裂。这让验尸官都直呼"简直惨不忍睹"。

当地警方立刻着手调查此案，但一直没有线索，这让他们陷入了困境。随后，他们向FBI求助。为了尽快缉拿凶手，FBI犯罪心理画像专家约翰 ⊠ 道格拉斯前来协助调查。

道格拉斯在了解清楚案情后，详细查看了案发现场的照片以及被害人的尸检报告，随后他对凶手做了一系列的心理画像，将罪犯的年龄、性别、教育程度以及其他方面的线索都一一分析出来。警方根据道格拉斯提供的心理画像深入排查，找到了两名嫌疑人。警方在严格的审讯下查明，其中一人就是真正的凶手。

道格拉斯是通过何种方法将凶手的年龄、教育程度等线索分析出来的呢？罪犯到底是谁呢？他为何如此残忍地杀害被害人呢？这可能是很多人最为关心的问题。那么，通过阅读本书，很快就能找到我们想要的答案。

其实，道格拉斯所使用的这种方法就是"犯罪心理画像"，现如今很多人都称它为"犯罪者画像"或"行为分析"。而最早系统性应用这种犯罪分析技巧的是FBI（美国联邦调查局）在1972年设立的行为科学部。在侦查的过程中，FBI探员通过与罪犯打交道，研究罪犯的行为规律和心理规律。后来，FBI探员申请了一个项目，有计划地、系统性地研究罪犯的心理和行为问题，以此了解他们的成长背景、分析犯罪现场和被害人的特征等，从而掌握了大量罪犯的心理、行为和生活背景规律。

在研究的过程中，FBI探员还使用了很多司法机构提供的资料，比如，警方的勘查报告、讯问记录、罪犯的犯罪记录、法庭记录等。在此基础上，形成了新的侦查思路，即通过犯罪现场对罪犯的行为进行分析，继而推断出罪犯的心理特点，再通过这些心理特点刻画出犯罪嫌疑人的某些形象特点、家庭背景和个性特征等，从而形成"犯罪者的心理画像"。后来，心理画像技巧逐渐被应用到各种类型的案件中。

而让心理画像"名声大噪"并备受瞩目的事件是电影《沉默的羔羊》的拍摄。当时，FBI提供了很多帮助，并允许他们将行为科学部的研究培训场所作为电影的实景，还允许一些FBI成员在片中跑龙套。在《沉默的羔羊》大获成功后，很多观众误以为心理画像和行为分析"无所不能"，能够万无一失地找出罪犯。

实际不然，直觉和经验虽然很重要，但最为关键的还是收集和对比数据。正如行为科学部最早的成员之一约翰·道格拉斯所说的那样，在破案时，警方需要审问所有的相关人员，并对他们进行深入调查和了解，才能获得比较有价值的行为分析。

本书共分八章，不仅通过真实的案例描述心理画像专家如何通过心理画像分析罪犯的行为和心理，从而帮助警方将其缉拿归案，还为读者介绍了心理画像的发展过程、心理画像的技巧等知识。通读本书，读者朋友可以更好地洞悉犯罪心理，成为真正的破案高手。

目　录

第一章

童年阴影诱发的残暴行为

第一节　嗜血的变态杀手——理查德·特伦顿·切斯

1978 年 1 月 23 日，在美国加利福尼亚州萨克拉门托的一个小镇上，卡车司机大卫·沃林像往常一样运完货物后早早回家陪伴已有身孕的妻子。当他到了家门口时，妻子并没有像往常那样在门口等待着他，他唤了几声妻子的名字也无人作答。顿时，一种不祥的预感袭上他的心头。

大卫停好车后，快速地跑进房间里寻找妻子。在卧室中，可怕的一幕映入他的眼帘：怀有身孕的妻子躺在血泊中，腹部被人残忍地割开……

大卫吓得立刻跑出房间，并大叫着向邻居求救，邻居听闻此事立刻打电话报了警。当地警方赶到现场后首先对犯罪现场进行了勘查，他们发现被害人身上的衣物被脱下，但现场却没有发现衣物；被害人身上有多处致命的刀伤，内脏被掏出来乱砍。在被害人尸体旁边有一个空的酸奶瓶子，瓶子中还残留被害人的血液。对此，他们推断，罪犯是一个极其凶残的人，他应该是用酸奶瓶子装了死者的血并将其喝下。另外，被害人身体上的几个器官也消失了。除此之外，警方一无所获。

几番调查之后，警方一直找不出凶手的犯罪动机，被害人家中没有丢失任何贵重物品，除了被害人身上的几件衣物。于是，他们不得不向 FBI 请求协助。FBI 特工拉斯·沃尔帕格尔接到通知后，联系了负责特工培训的 FBI 犯罪心理画像专家罗伯特·K.雷斯勒。

当雷斯勒了解了罪犯的作案手法、时间、地点以及被害人的类型等情况后，他对凶手进行了初步的画像：男性，白人；年龄大概在 25 ～ 27 岁左右；

体形偏瘦；所住的地方比较邋遢和脏乱，证据有可能会在他所住的地方找到；有精神病史，并且是个吸毒的瘾君子；个性孤僻，不擅长与人交往，总是独自待在住所中；没有工作，可能依靠政府的救济生活；没有服过兵役，有可能在高中或者大学阶段中途辍学；罪犯有可能患有一种或多种偏执症。

处理过很多谋杀案的雷斯勒之所以推断出凶手是白人男性，年龄大概在25 ～ 27 岁左右，是因为这起案件属于性犯罪，而在此类案件中凶手通常是男性，年龄大多在 20 ～ 30 岁左右。在性犯罪中，很少有跨种族犯罪，一般的情况只会是白种人侵犯白种人，黑种人侵犯黑种人。而且由于被害人住在白人社区，如果是一名黑人进入该社区，显然会引起其他人的注意，雷斯勒由此推断本案是同种族杀人。

雷斯勒根据对凶手的研究成果，认为凶手一般分为两种：一种是在作案时比较有逻辑，遵循固定的模式；另一种则是凶手的心理状态和行为没有任何逻辑可言。雷斯勒从获取的现场照片和报告推断，凶手属于第二种。凶手杀害沃林太太毫无章法可循，也没有清理那些可能暴露自己身份的线索，可以推断凶手患有严重的精神病。

另外，凶手对尸体的种种暴行表明他长时间受心理疾病的困扰。雷斯勒基于对心理学的研究，猜测凶手可能患有偏执狂妄想症。而偏执狂妄想症第一次发作大多是在 19 岁左右，由于这类精神疾病存在 10 年左右的潜伏期，因此，雷斯勒更加明确凶手的年龄段大概在 20 ～ 30 岁之间。

雷斯勒推断凶手身形偏瘦是因为患有精神病的人往往食欲不佳，从而会导致营养不良。而心理状况也常常会反映在他们的外表上。一般来说，这类人不注意个人卫生，外形比较邋遢，由于很难找到喜欢自己的人，他们大多单身。根据这些理由，雷斯勒推断凶手的住所必然脏乱不堪。

另外，这类人必然是不被军队所接受的，因此，雷斯勒推断凶手肯定没有服过兵役。患有偏执狂妄想症的人在病情发作之前可能已经完成了高中学业，但不可能考上大学。所以这类人即使能够找到工作，大多也是做一些零工或兼职。可是由于他们个性孤僻，可能连这类工作也做不好，因此经常需要依靠社会救济来生活。

除了对凶手进行初步的心理画像，雷斯勒还对凶手的其他方面进行了分析：如果凶手在行凶时开车，那么他的车多半属于那种破烂不堪的车。不过，由于凶手有精神病史，精神状态很可能处于混乱的状况，因此他不可能将车开到某处，在行凶后再开车回到家中。对此，雷斯勒分析，凶手有可能就住在被害人住所附近，他是徒步走到和离开犯罪现场的。同时，他还分析，这名凶手在一年前被精神病院放了出来。

正当雷斯勒准备参与这起案件的调查时，凶手再次犯案了。在1月26日，距离犯罪现场1千多米的一处住宅中有三人被一把点22口径的枪支射杀，他们分别是36岁的年轻妈妈伊芙琳·米洛斯和她6岁的儿子杰森，还有她32岁的朋友丹尼尔·J.梅瑞斯。

他们的死状惨不忍睹，尤其是米洛斯，不仅遭到枪杀，身上还有多处刀伤，内脏器官还被掏出来砍碎……房间里浴缸中的水被鲜血染红。警方勘查后发现，凶手也喝了被害人的血液。

警方还了解到，被害人米洛斯22个月大的侄子也失踪了，有可能是被凶手绑架，而且凶手是驾驶梅瑞斯的旅行车逃离的。于是，警方对犯罪现场附近进行了仔细搜查，在不远处发现了凶手遗弃的旅行车，而根据现场残留的血迹，警方推断婴儿凶多吉少。

警方经过调查发现，被害人家中并没有丢失贵重财物。被害人米洛斯生前是做保姆工作的，待人友善、和气，并不存在什么仇家，附近的居民听闻她被杀都表示难以理解。因此，警方也陷入了困境，这起案件同样也找不到凶手的作案动机。

雷斯勒在获悉这起案件后，又为凶手的心理画像补充了一些细节：独自生活，栖身之所应该在遗弃旅行车地点附近的 800 ~ 1600 米范围内。另外，雷斯勒在与 FBI 特工拉斯·沃尔帕格尔沟通之后还发现，这名凶手有"恋物癖"，他所偷窃的东西并不是什么贵重物品，而是女性的衣物。在犯案前，他多半在当地有过"恋物癖"的偷窃行为，这些问题源自幼年时期的经历。

根据雷斯勒提供的凶手画像和线索，FBI 特工拉斯·沃尔帕格尔与当地警方开始在旅行车附近方圆 800 米左右的范围内进行地毯式搜索。在搜索的过程中，一名当地居民向警方提供了非常重要的信息：在沃林太太遇害的当天，她在附近遇到了自己十年前的高中同学理查德·特伦顿·切斯。但是，她被切斯的模样吓坏了：身体消瘦，眼窝深陷，蓬头垢面，而且衬衫上还有血迹……

当时她正坐在车中，切斯想与她攀谈，便抓住她的车门。可是，当时非常紧张的她立刻开车离开了。

这位居民提供的信息与雷斯勒对凶手的画像极其相似，于是，FBI 特工拉斯·沃尔帕格尔与当地警方决定对理查德·特伦顿·切斯进行深入调查和监视。他们发现，切斯所住的地方离遗弃旅行车的地点不到一条街的距离。同时，在他住所旁边停靠着一辆破旧不堪的车，里面装有旧报纸、酒瓶、毛毯等。除此之外，他们还在车中发现一把 30 厘米的屠夫刀和布满血迹的靴子。

于是，警方决定对理查德·特伦顿·切斯进行逮捕。但是，他们深知凶手相当残忍、疯狂，并且还持有一把点 22 口径的手枪。因此，警方决定采用引蛇出洞的办法，诱其走出公寓进行抓捕。于是，一名警察佯装去公寓管理员那里借电话，另一名警察则从切斯家门前走过。切斯很快注意到了警察，他胳膊下夹着一个箱子快速地打开门，想要走到他的汽车旁边。

警方见此，立即一拥而上将其制伏，在他身上发现了一把点22口径的枪支以及梅瑞斯的钱包。另外，他所携带的箱子里也装满了血迹斑斑的袋子。

在切斯所住的公寓中，警方发现房间相当脏乱，到处都是脏衣服。在房间中，警方发现了一些拴动物的锁链、三个带血的搅拌机以及布满血迹的衣服。而在冰箱中放着盛有身体器官的盘子，还有一些血迹斑斑的餐具。后来，警方才知道，切斯的杀人动机就是获取他人的血液供自己饮用。

在切斯被捕后，很多媒体对其进行了深入报道，人们才了解到他悲惨的经历：切斯的母亲患有典型的偏执狂妄想症，具有攻击性，脾气暴躁，经常与丈夫争吵；切斯从小就有精神病的症状，长大后，他没有什么朋友，渐渐开始堕落，吸食大麻，并成为瘾君子，曾经还因为携带大麻而被捕；独居后，切斯开始屠杀和分解动物尸体，并喝它们的血液，他认为只有这些血液才能防止自己的心脏继续缩小。

行为怪异的切斯被关进了精神病院。在精神病院中，他总是抓树林中的小鸟并喝它们的血，而且他的身上和嘴边时常残留着血迹。因此，精神病院的其他病人都称他为"吸血鬼"。在完成一段时间的治疗后，切斯被精神病院放了出来。

被释放出来的切斯不知通过何种手段获得了枪支，并用枪支杀害邻居的宠物，然后喝它们的血。后来，他变得更加凶残，开始残杀人类。幸好，他血腥的屠杀被警方及时制止了。

正是罪犯心理画像专家罗伯特·K.雷斯勒对凶手准确的心理画像，才让警方根据线索进行搜索和抓捕。正如雷斯勒在日记中写的那样："画像是无法逮捕凶手的，我们还是要依赖巡逻警察逮捕凶手……我的画像只是一种调查工具。在这个案例中，画像缩小了危险凶手的搜索范围。"

\ \ \ 犯罪心理画像专家有话说

犯罪心理画像是指在侦查的过程中根据所掌握的信息对犯罪嫌疑人的相关行为、心理特点、犯罪动机等进行分析，从而用文字描述嫌疑人的人物形象和活动规律等，以协助侦查工作。

犯罪心理画像又被称为犯罪现场画像、心理的画像、犯罪人画像、行为画像等。它起源于 FBI，在 20 世纪 70 年代，FBI 成立了行为科学部，创立了一套基于犯罪现场分析的犯罪心理画像技术。

犯罪心理画像是刑事侦查、法医鉴定、心理评估和文化人类学四种技术的联合体。一般来说，犯罪心理画像的程序是将犯罪现场和法医鉴定的信息以及犯罪行为和被害人的相关细节信息交给心理画像专家，再由他们经过分析反馈出关于犯罪分子的报告。

一般来说，心理画像技术依据的是犯罪心理学原理以及其他诸多门类的科学知识，通过心理分析的方法，对罪犯在犯罪现场所遗留的痕迹或细节进行分析，从而找出罪犯的心理特征，继而描绘出罪犯的年龄、性别、职业、学历等特征以及个人习惯、家庭环境情况和人际关系等。

对于犯罪分子来说，他们的犯罪心理特征往往是由于长久的社会经验、犯罪经历逐渐形成的，与其生活环境、受教育程度、职业等有密切的关系，在实践的过程中不断地强化，继而形成一种行为定式。当犯罪分子在实施犯罪时，其个性心理特征就会通过客观事物表现出来，从而留下心理痕迹。因此，通过对犯罪现场的物质痕迹进行分析，就会推断出犯罪分子的心理痕迹，刻画出其犯罪心理特征，对提高案件侦破效率具有相当重要的意义。

第二节　惨不忍睹的垃圾场分尸案

22岁的贝蒂·简·谢德从事的是帮他人临时照顾孩子的工作，乐观开朗的她每天都认真地照看着自己负责的每一个孩子，因此，她深受孩子父母的喜欢。

一天晚上，谢德像往常一样下班步行回家。可是，直到很晚，家人也没有见到谢德的身影。这让家人很着急，急忙打电话去她工作的地方以及相识的亲朋好友那里询问，但结果是谁都没有见到谢德。这让她的家人陷入了恐慌之中，立刻打电话报了警。

在贝蒂·简·谢德失踪4天后，一个在阿尔图纳的伍普索纳克山山顶散步的男子被一具尸体绊了一跤，吓得他魂飞魄散，于是急忙打电话报了警。

当地的验尸官查尔斯·伯基与警方立刻赶到案发现场。经过勘查发现，尸体已经被严重肢解，而绊倒报案男子的是保存得比较完好的一部分尸体。被害人金黄色的头发已被剪掉，挂在附近的一棵树上。死者不仅遭到凶手的殴打，眼睛青肿，下颚骨被打裂，而且还遭到了性侵。最致命的地方是头部遭到严重的打击。除此之外，被害人的两个乳房也被割下。

这让处理过很多案件的验尸官查尔斯·伯基直呼"简直惨不忍睹"。后来，警方经过调查发现，这名遇害者正是失踪的贝蒂·简·谢德。

可是，当查尔斯·伯基对谢德的尸体进行仔细检查后发现，她的胃中还有部分食物尚未消化，这表明谢德在失踪之后没多久就遇害了。另外，她的尸体被保存得很好，没有发现蚊虫叮咬或是动物撕咬的痕迹，这表明尸体不可能被遗弃了 4 天。

当地警方陷入了困境，于是向 FBI 求助，FBI 特工里德负责接手这起案件。了解这起案件后，为了尽快缉拿凶手，里德将案情卷宗寄给了 FBI 犯罪心理画像专家约翰·道格拉斯，希望他能够提供帮助。同时，里德还特意与道格拉斯通了电话，详细讲述了案情。

听完里德的叙述并仔细查看了案情卷宗后，道格拉斯将案发现场的特征和被害人的详细报告输入犯罪信息数据库，对凶手进行心理画像：白人男性，年龄大概在 17 ～ 25 岁之间；身型偏瘦但比较结实，性格孤僻，有可能喜欢看色情刊物；在离异的家庭中成长，深受母亲的影响，被母亲过分宠溺。另外，母亲可能总是向凶手灌输除了自己其他女人都是坏女人的思想，导致其无法与其他女性正常来往。这一点从被害人受伤的状况就能发现，凶手袭击被害人时让其迅速失去了知觉。

道格拉斯通过被害人受到严重创伤的面部以及身体推断凶手对死者很熟悉，因为他内心充满了愤怒，从而会想方设法毁坏其面容、身体，并残忍地割下乳房、剪断头发。道格拉斯曾对被害人做过研究：谢德在日常生活中相当在意自己的头发，每天都会对头发进行细致的整理。因此，剪断头发对于谢德来说是一种侮辱，这表明凶手对谢德非常了解，从而才会做出这一贬低性的举动。

另外，从遗弃尸体的场所来看，道格拉斯推断凶手所从事的必然不是什么体面的工作，有可能是做与泥土、污泥等有关的工作。同时，劫持谢德的时间是在晚上，并且遗弃的尸体还有被移动的痕迹，这表明凶手主要的活动时间是晚上，有可能是去墓地或是参加葬礼。他还会幻想自己与谢德有"正常"的关系，并让自己相信这一切。因此，如果抓到嫌疑人对其使用测谎仪，是毫无用处的。

从谢德遇害的地方可以推断，凶手的住处有可能就在谢德家与她工作的地方之间。

通过道格拉斯提供的犯罪心理画像和线索，特工里德与当地警方确认了两名嫌疑人：一个是谢德的同居男友，自称是谢德未婚夫的查尔斯·索尔特；另一个是发现尸体的男子，他是一名铁路技工，因为受伤而离职。

特工里德与警方都将那名铁路技工作为重点怀疑对象，因为有目击者称，曾看见他在案发现场逗留过。同时，警方给他录口供时，他的说法也前后不一致，而且他的穿着并不适合在野外散步。另外，事发当天是雨天，而他身上却没有淋一点雨。与警方交谈时，他神情相当紧张，声称自己非常害怕，担心这件事会让自己牵涉其中。对此，里德认为，这是他将怀疑视线从自己身上引开的一种借口。

除此之外，警方还了解到，他非常喜欢喝啤酒，而且爱抽烟，是个瘾君子。他还曾经有反社会的行为史。可是，他与他的太太却声称，在案发当晚（谢德失踪的日子），他们在家中看电视。但这并不是强有力的不在场证据。对此，犯罪心理画像专家道格拉斯表示，这类人必然会去聘请律师，并采取不合作的态度。

的确如此，当警方再次对其深入调查时，他聘请了一位律师，并拒绝接受测谎仪的测试。

但是，让道格拉斯比较困惑的是，这名嫌疑人已经结婚，并与妻子生活在一起，还有两个孩子。这与凶手的作案风格不匹配。如果凶手是已婚男子，他会对被害人进行性施虐，并会延长杀人时间和过程，还会对其进行更多的凌辱，而不是在其死后进行分尸。另外，他的年龄也与道格拉斯所做的初步画像不符，嫌疑人的年龄已满30岁。

道格拉斯认为查尔斯·索尔特的疑点更大，而且他与犯罪心理画像非常符合。在他很小的时候，父母就离异。母亲总是过多地干预儿子的生活，致使

26 岁的他在与女性交往上总是显得相当笨拙、无能。另外，查尔斯声称，他非常爱谢德，虽然他们已经订婚，但他却可以包容她继续与其他男性约会、来往。而且他还在谢德的葬礼上哭诉称，真想挖出棺材，与她一起长眠于地下。每次警方约他询问问题时，他总是痛苦不已。

正当道格拉斯怀疑查尔斯时，警方对其进行调查发现，他还有一个兄弟叫迈克，他与查尔斯都是垃圾场的运输工人。这让道格拉斯更加断定，查尔斯是凶手无疑。因为他们能够自由出入垃圾场，并有运送尸体的工具。

但是，道格拉斯还有些困惑，首先，查尔斯的个头并不比谢德高多少，而且他看起来也没有力气搬运尸体；其次，在谢德的体内发现了男性的精液，表明被害人受到了强暴。而对于查尔斯来说，他却没有这种能力。由于长久受到母亲的干预，他的性功能低下。

对此，道格拉斯推测，贝蒂·简·谢德在晚上下班的路上遇到了查尔斯，他们发生了争吵。查尔斯动手打了谢德，由于用力过猛而导致其失去了知觉。随后，他将谢德移到僻静的场所，并对其进行致命的打击，然后剪去她的头发，分解尸体，将乳房割掉当成纪念品。但是在谢德受到攻击到遇害这段时间，她还遭到了强暴，但此人并不是查尔斯。

根据道格拉斯的分析，他推断查尔斯的兄弟迈克也是行凶者之一。因为他与查尔斯来自同样的家庭，做的也是同样的工作，并且在精神病院待过一段时间，还有暴力犯罪记录以及缺乏控制愤怒情绪的能力。

道格拉斯还了解到，在贝蒂·简·谢德遭到劫持的当晚，迈克的妻子正在医院生产。妻子的怀孕对迈克产生了巨大的刺激，同时也剥夺了他发泄性欲的机会。对此，道格拉斯推测，当查尔斯袭击谢德后，便惊慌失措地去找他的兄弟迈克。迈克强暴了谢德，而查尔斯却站在一旁观看，然后他将谢德杀害并与迈克一起处理掉尸体。

当警方将迈克与查尔斯抓捕后，他们拒不承认自己所犯下的罪行。虽然查尔斯接受测谎测试的结果反映，他没有欺骗的行为，但却出现了不恰当的情绪反应。对此，道格拉斯建议，不妨集中火力审讯迈克，反复强调他只不过与谢德发生了关系并协助处理尸体。如果他不肯交代实情，最终就会与查尔斯一同身陷囹圄之中。

最终，迈克交代了犯罪经过，与道格拉斯的推断基本一致：查尔斯一直想与谢德发生性关系，但却无法得逞。他的愤恨时常郁积在胸，因此很容易发作。案发当晚，他攻击谢德后非常害怕，便去找迈克。当迈克强暴谢德时，他更感无力，同时，他也更加愤怒。愤恨难平的他在 4 天后对谢德进行了分尸。

另外，迈克还供出一名协助处理尸体的同谋——贝蒂·简·谢德的好姐妹卡西·威辛格。

后来，警方在查尔斯的藏匿场所发现了被割掉的乳房。最终，查尔斯·索尔特被判一级谋杀罪；迈克在接受审讯后被关进精神病院。

正是由于 FBI 犯罪心理画像专家约翰·道格拉斯提供的犯罪心理画像与线索，才让警方的调查工作更加顺利，从而将凶手成功缉拿归案。

\ \ \ 犯罪心理画像专家有话说

犯罪心理画像的方法主要有三种：

一是对犯罪现场进行分析的方法。这是美国联邦调查局（FBI）提出和建立的，他们比较注重犯罪现场的各种特征，将这些特征以及被害人的详细报告输入犯罪信息数据库中对罪犯进行心理画像。1979 年，FBI 行为科学部在对 36 名杀人犯和强奸犯访谈的基础上建立了这个用于犯罪心理画像的数据库。

二是调查心理学方法。这是英国的 Canter 所建立的，通过犯罪现场的行为特征反映的心理学意义进行犯罪心理画像。他们认为，罪犯的犯罪行为特征会反映在他们的日常行为上，所以提出了犯罪的一贯性假设，并将其应用到犯罪心理画像的领域中，即人际关系的一致性和空间的一致性。

三是诊断评估的方法。这种方法主要基于临床的实践经验。

第三节 "吃人"的凶手——年幼报童死亡案

一天清晨，在环境优美的贝尔维尤市，丹尼像往常一样很早就起了床，然后骑着自行车去城里的一家便利店取报纸和送报。顽皮的他总是不爱穿鞋子，虽然父母总是提醒他穿鞋，但他依然光着脚骑着自行车出了门。

13岁的丹尼金发碧眼，长得非常可爱。他的父亲是一名邮局职员，他和哥哥都是报童。丹尼欢快地骑着自行车，向便利店奔驰而去。

但是到了7点钟，报纸管理人员却接到了一些住户的投诉电话，声称他们的报纸还没有送到。这些住户正是丹尼负责派送的，于是，管理员出去找寻丹尼。但管理员在丹尼负责的片区找了一圈也没有找到他，只好打电话给丹尼的父亲伊伯里先生。

伊伯里先生听闻，立刻去丹尼负责送报的地方找了找，也没有找到他。伊伯里在询问一些住户后得知，丹尼已经送了三家的报纸。找到第四家住户时，他发现丹尼的自行车倒在这家的篱笆外边，其他的报纸也在袋子中。这让伊伯里先生感到非常担心，立刻报了警。

当地警方接到报案后，火速联系了离贝尔维尤很近的驻奥马哈分部的联邦调查局探员强尼·伊凡斯。同时，FBI行为科学部的犯罪心理画像专家罗伯特·K.雷斯勒也接到通知，希望他能协助伊凡斯破案。

于是，伊凡斯以及当地警方立刻赶到了案发现场。起初，警方认为丹尼有可能被其叔叔带走了。因为他们了解到，丹尼叔叔的公司目前正好缺人手。但警方与丹尼的叔叔联系后才得知，他并没有带走丹尼。

随后，警方开始对丹尼所负责送报的地区进行挨家挨户的搜寻和调查。不久，警方在一片草丛中发现了丹尼的尸体，他的手脚被捆住，嘴巴也被胶带封住。身上只穿着内衣，前胸、后背有多处刀伤。凶手似乎跟玩游戏似的，将丹尼的脸划得血肉模糊，全身上下几乎都有伤口。另外，丹尼的肩部还被割下一块肉。

当地验尸官经过检查发现，丹尼的口中有一颗石子，因此推断尸体有可能是在死后被抛弃在这里，而且尸体好像被移动过很多次，因此这里并不是案发现场。由于丹尼的内衣没有被脱掉，而且其身上也没有任何被性虐待的痕迹，对此，验尸官表示丹尼没有遭到性侵。

雷斯勒查看了警方发来的现场照片，并到发现尸体的地方进行了勘查，也没有获得有价值的线索。但雷斯勒发现，遗弃尸体的地方旁边有条小路，它是一条没有出口的死路。附近还有一个十字路口，其中一条路可以通往河边。

这让雷斯勒感到很纳闷：凶手为何不把尸体扔进河里？尸体如果顺着河流漂走的话，就会给警方侦破案件增加难度；另外，在遗弃尸体的地方附近，雷斯勒还发现周围有很多空的啤酒瓶，似乎附近的居民在此开过派对，凶手为何会选择这个地点遗弃尸体呢？虽然这里杂草丛生，但在公路上就能发现尸体。对此，雷斯勒推测，凶手有可能很匆忙或很害怕，在晚上遗弃尸体后便立刻逃离了。

警方通过对丹尼哥哥的调查得知，他以前在送报时曾被一辆汽车尾随，车上是一名白人男子。警方通过对其他目击者的询问得知，他们也曾看见一名白人男子经常带着十几岁的男孩兜风。

根据这些线索和案情，雷斯勒对罪犯进行了心理画像：凶手是一名白人男性，年龄大概 20 岁；当地人，单身；高中学历，目前是打零散工或失业；不是预谋杀人；双手比较灵活；没有性经历，心理有问题；喜欢看淫秽书籍，有恋童癖。

雷斯勒有多年处理谋杀案件的经验，他认为大部分性犯罪都是发生在同种族之间的，他接手的这起案件也是如此。不仅是因为其他目击者的证词，而且死者所失踪的地方也是在白人社区，如果其他肤色的人进入这一社区，必然会引起他人的注意。

推断年龄 20 岁左右是由于抛尸地点的不合理，从而让雷斯勒推断出这个年龄。凶手可能是第一次行凶，这类案件大多是年轻人所为；目击者称曾看到可疑男子开车，这表明抛尸时凶手也是开车去的，因此可推断他有驾照，而且年龄不会低于 16 岁。

由于在丹尼失踪的现场并没有发现挣扎或反抗的痕迹，雷斯勒推断凶手可能认识死者。如果凶手有同伙，则其中一人是负责将丹尼骗上车，另一个人是负责控制住他。

从作案时间来看，凶手肯定是在早上 6 点钟左右就出发了，所以他可能是独居，没有合理的作息时间。抛尸地点不远处就有一片森林，而凶手并没有将尸体遗弃在那里，表明凶手并不是很强壮。

捆绑丹尼的绳子没有受到磨损，而从绑绳子的手法可以看出凶手双手比较灵活。同时，结合验尸官的报告，雷斯勒推断丹尼被捆绑的时间并不长，凶手在杀害他之前可能并没有对其进行过分的虐待。

虽然验尸官没有发现性虐待的证据，但雷斯勒却认为，并不能排除这一情况，有可能是凶手尚未得手，丹尼在挣扎或反抗的时候被杀害了。由于尸体已经面目全非，因此无法判断丹尼是否反抗。丹尼没有遭到性虐待或性侵犯也可能表明凶手没有真正的性经历。在美国，20 岁左右的男性没有性经历是相当罕见的，这表明他在成长阶段有心理问题。

雷斯勒曾接触过很多类似的案件，将被害人的衣服脱掉，却没有对其性侵，并对被害人凶残地下狠手，在表明凶手心理不健全的同时，还有很多奇怪的幻想。同时，也表明他有可能喜欢看淫秽书籍或者有恋童癖。不过，让雷斯勒不解的是，凶手为何要用刀削掉丹尼肩部的一块肉呢？是在抹去他留下的痕迹吗？

另外，通过对抛尸现场的分析，雷斯勒推断凶手有可能会重返抛尸现场或是假装帮助警方和被害人家属，实际上则是了解案件进展。对此，雷斯勒建议警方，应该根据目击者提供的线索将凶手的画像通过媒体向公众公布，只要凶手出现，就会引起众人的注意。

另外，根据技术人员对捆绑丹尼的绳子的分析得知，这种绳子并不是普通的绳子，在市面上也不一定能买到。于是，FBI 探员强尼·伊凡斯决定将嫌疑人锁定在拥有特殊绳子的人身上，并安排催眠人员对丹尼的哥哥以及目击者进行催眠，以让他们回忆起自己所看到的更多细节。

雷斯勒和伊凡斯都确信凶手一定还会作案，可是，过了很长时间也没有发生此类命案，调查组的工作也无法开展下去。但不久，在奥马哈附近再次发生了一起男孩被绑架案：

一天早上，欧福特空军基地某军官的儿子克里斯多夫·保罗·沃尔登步行去沙比郡的学校上学时却失踪了。有目击者称，曾看到他在一个白人男性的车中。3 天后，有打猎的人在一片森林中发现了孩子的尸体。这个地方距离沃尔登失踪的地点仅有 8 千米。

接到通知后，雷斯勒与伊凡斯再次见面。雷斯勒发现，这起案件与丹尼被杀案件很相似，沃尔登的身上也只剩下内裤，全身刀痕累累。残忍的是，沃尔登的喉咙几乎被割断，这表明凶手越发残暴了。

当他们到达案发现场两三个小时后，一场突如其来的暴风雪淹没了现场的证据和线索。不过，幸好他们在大雪前发现一条重要线索，在案发现场找到了很多脚印，脚印显示有两个人走进去，但是却只有一双脚印走出来。这表明此处有可能就是案发现场，也可以断定凶手是单独作案。

通过这起案件，雷斯勒更加断定凶手的胆子比较小，而且有些懦弱。他选择小男孩作为下手对象，表明他不敢冒险，知道他们会因为害怕而丧失抵抗能力。而从这起案件的作案手法可以看出，凶手越发成熟了。

根据这些线索，雷斯勒对凶手的作案方法和心理进行了模拟：第一次作案时凶手使用了特殊的绳子，联邦调查局已经对绳子进行了化验，所以凶手下次不能再使用了。对付孩子，只要用恐吓、威胁就可以，不一定非要用绳子、胶带。这次作案应该让孩子穿着衣服走到隐蔽的地方，然后让其脱掉衣服，再将其杀掉。

通过模拟，雷斯勒断定凶手的年龄可能在 20 岁左右。这起案件的被害人也没有遭到性侵，雷斯勒更加确信凶手有性方面的问题。他挑选容易得手的小男孩，可能是凶手曾经因遭到他人侵犯而感到自卑，这表明他的心理非常脆弱。

雷斯勒仔细研究这两起案件，发现它们的差异在于：第一起案件凶手是在实验，而第二起案件则是从中体验到快感，因而更加残暴。如果此后再作案，他会更加残忍。

另外，验尸官也提供了新的情况。上次验尸时发现的被害人口中的小石子是误报，那是另一桩案件中与此案无关的证据，他不小心将证据弄混了。因此，雷斯勒认为，第一起案件的抛尸地点应该距离作案地点不远。

掌握这些情况后，雷斯勒再次对凶手的心理画像进行修改：年轻的白人男性，单独作案；所住地方在贝尔维尤或离空军基地不远的地方；学历不高，可能是在基地做维修工作或是担任技师之类的工作；爱看侦探类的小说或杂志，具有一定的反侦查能力；业余工作有可能是做男孩们的棒球队教练等；而孩子们身上的刀伤，可能是凶手为了清除死者身上的印记，有可能是咬痕。

雷斯勒猜想凶手可能还会继续作案，而现如今学校马上要放假了，凶手下手就更加容易，因此他与 FBI 探员伊凡斯联合当地警方积极投入调查中，希望尽快破案。另外，雷斯勒还通过媒体提醒家长和孩子们，千万不要单独外出，并呼吁各个执法机关遇到可疑人员和车辆，要立刻汇报给联邦调查局。

而在此期间，警方对当地曾经有过性犯罪记录的人进行了仔细调查、盘问。在调查过程中，有一个嫌疑人进入了警方的视线，并在他的住处搜到了绳子和胶带。可是，对其进行测谎后发现，他并非凶手。因为在警方与其交谈的过程中，他非常健谈、活泼，并毫无隐瞒地说出自己是同性恋的事实。

此时，有一位目击者向警方提供了线索：在沃尔登失踪的前几天，他曾经看见沃尔登与一名年轻的男子在一起。为了得到更确切的信息，警方对目击者进行了催眠，他回忆起沃尔登与那名男子一起上了车，并想起了男子所开汽车的车牌上的前几个号码。

警方经过调查发现，有将近 1000 辆车符合他所说的情况。不过，在沙比郡的这种车辆比较少。于是，当地警方按照车牌号进行一一排查。正当警方调查车辆时，案情有了新的突破：

一位教堂的女教师打了报警电话，她声称一辆车在教堂附近转悠，司机是一个瘦弱的男子。他将车停好后来敲门借电话用，但她拒绝了。对此，男子非常生气，威胁要杀了她。

通过女教师的描述，FBI 探员伊凡斯觉得那名男子的特征与雷斯勒所做的心理画像非常符合。另外，女教师还提供了那名男子的车牌号码。

警方根据车牌号进行深入调查，发现这辆车是从租车行租来的，租车的人来自欧福特空军基地，租车时声称自己的车需要修理，并将车留在那里。经过调查发现，留在租车行里的车与几位目击者提供的线索非常吻合。当警方打开车子的后备厢时发现，里面有尖刀、绳子、胶带。而这辆车正是警方要搜寻的1000 辆车之一。

警方立刻将这个信息反馈给联邦调查局和空军基地，伊凡斯带着几名 FBI 探员以及基地的安保人员对这辆车进行了调查。经调查得知，这辆车的车主名叫约翰·约瑟夫·裴伯特，在空军基地担任维修师，今年 21 岁，身材瘦小。这些特征与雷斯勒对凶手的心理画像很符合。

警方在征得裴伯特的同意后，对其房间进行了搜查，发现了很多特殊的绳子以及一把猎刀，还有很多侦探小说，其中一本已经被翻得皱巴巴的。

随后，联邦调查局对裴伯特进行了审问。起初，他拒不承认自己的罪行，声称警方没有实质性的证据。但后来，当调查局拿出有力的证据时，他终于承认了自己的罪行。

接下来，雷斯勒对裴伯特进行了深入研究，原来他在六七岁时就有谋杀的幻想，想把自己的保姆杀掉并吃其肉。从童年到青春期，再到成年，这种幻想一直在他脑海中浮现。

裴伯特的母亲是旅馆的用人，父亲是餐厅的服务员，两人关系一直都不好。在他 10 岁时，父母离异，他跟随母亲生活。母亲脾气很暴躁，时常会乱发脾气、摔东西。每次见到母亲发火，他就害怕地躲进房间里，母亲也从来不关心他，这让他变得非常自卑。在他 12 岁手淫时被母亲发现，母亲对他又打又骂。于是，他的幻想对象从年轻女孩转移到了年轻男孩身上。

为了能够到天主学校读书，裴伯特找了份送报的工作，因为母亲无力负担他读贵族学校的高额学费。但裴伯特进入天主学校后，同性恋的他却被同学们嘲笑。高中毕业后，他进入一所军校读书。由于所在州法定的饮酒年龄比较低，因此他开始纵情饮酒，从而导致他时常训练迟到或彻夜不归。所以，第一学年结束，他就回了家。

不久，他加入了空军，在这里，他认识了一位年轻的同僚，他们的关系非常好。后来，两个人一起到欧福特空军基地服役，并住在一个宿舍，此时，裘伯特迷上了侦探小说。可不久，他的室友突然对他说，基地的一个小伙子看上了他，并让他远离裘伯特。裘伯特听闻非常生气，气得摔门离去。很快，室友就搬走了，这对裘伯特产生了很大的刺激，从而让他犯下第一起凶杀案。

而在犯案的过程中，之所以对被害人百般摧残，用刀划伤他们，是因为他要用刀抹去他的咬痕，这与他六七岁时幻想吃人不谋而合。而喜欢读侦探小说，则是要从小说的情节中体会到杀戮的快感和灵感。

\ \ \ 犯罪心理画像专家有话说

犯罪心理画像专家通过研究表明，孩子从出生到六七岁这段时间里，最大的影响来自他们的母亲，因为这个阶段是孩子学习爱的能力的阶段。而通过研究诸多罪犯显示，他们在此期间往往与其母亲的关系冷漠、淡薄，并且互相排斥。由于他们很少能够得到母亲的关怀和呵护，更不会从精神上得到温暖，所以他们无法像正常人那样学会珍惜彼此，也不会表达对爱和关心的需要，从而会让他们终其一生都要为此付出代价，并让社会承受惨重的代价，夺走很多无辜的生命，并让更多的人陷入恐怖的氛围之中。

不仅母亲，父亲也对孩子的成长起到关键性的作用。犯罪心理画像专家罗伯特·K.雷斯勒称，曾有一个罪犯的父亲由于工作比较忙，经常外出，偶尔才回家。而回到家中，只要不顺心就对罪犯妈妈和罪犯本人拳打脚踢，因此，罪犯从小就非常害怕父亲。不仅如此，罪犯的父亲还曾猥亵过他。调查显示，有 40% 的罪犯在儿童时期曾遭到父母的打骂或猥亵；70% 的罪犯在小时候曾目睹过性暴力行为，甚至自己也是受害者。

因此，这致使大多数罪犯在童年时精神上出现问题，随着时间的推移，在他们长大后，这一精神问题就会出现各种异常现象，如性功能失调、人际关系非常差等，从而导致他们走上犯罪的道路。

第四节　"女大学生杀手"——埃德蒙·埃米尔·肯珀

美国圣克鲁斯镇是一个漂亮的地方，加州大学圣克鲁斯分校的众多年轻漂亮的女学生时常走出校园游玩，然后搭乘陌生人的车辆回校。可是，随着几名女大学生的相继失踪、被害，不仅让学校的管理人员感到恐慌，一再警告学生不要随意外出或是搭乘陌生人的车辆，也让圣克鲁斯地区的居民谈"女大学生杀手"而色变。

本以为待在校园和家中就是最安全的，可是，这场噩梦并没有结束。不到一个月，两位女学生罗莎琳德·索普与艾丽斯·刘再次遇害。在一个星期之后，有人在旧金山附近的伊登大峡谷中发现了残缺不全的尸体。

这让当地警方陷入了困境，甚至不知道侦查的方向到底在哪里。而当地的媒体也不断地对案件进行报道，将矛头直指是邪教所为。这让当地的年轻女性惶惶不可终日，不敢迈出家门和校门一步。

于是，当地警方向 FBI 寻求帮助，并将遇害学生的照片和资料交给 FBI 犯罪心理画像专家约翰·道格拉斯，希望他能协助破案。

道格拉斯与其他几位分析人员在研究这些资料后认为，系列抢劫犯和谋杀犯通常会有三种动机：支配、操纵、控制。因为很多罪犯因为事业或感情失败，抑或是遭受不公平的待遇而让他们愤愤不平，而且他们中的大多数可能遭受过某种生理上或情感上的虐待，因此，他们就会幻想自己是警察，拥有权势，为了自己的利益去伤害他人。他们往往还会试图混入警察队伍中，却不能如愿，因而这类人只能从事保安等相关行业的工作。

因此，道格拉斯在对凶手做心理画像时，反复提到一点：行凶者会开着一辆类似警车的车子，比如，福特维多利亚皇冠车或是雪佛兰卡普雷斯车。

凶手还有可能时常混入警察出入的酒吧或餐厅，并想方设法与警察攀谈，想要了解调查进展的情况，从而预测警方将要采取的下一步行动。这不仅让他体验到掌握警察权力的感觉，而且还会让自己有种圈内人的感觉。

而凶手在同一个地区频频作案且每次都能逃脱，表明他非常聪明，善于谋划自己的行动，并且懂得如何完善自己的作案技巧。

道格拉斯分析，对于大多数的连环杀手来说，犯罪过程中最关键的因素就是幻想，因此，可以确定"女大学生杀手"喜欢幻想。由于这类罪犯自身存在缺陷，较为自卑，认为女孩子肯定不会愿意接受自己，因而就会用幻想来弥补。罪犯为了能够完全地占有想象中的人，最终会导致他们剥夺对方的生命。

而对于大多数的性施虐谋杀犯来说，如果想要从幻想跨越到现实，他们往往会通过阅读色情刊物或是在动物身上做病态的实验，抑或是对同龄人施暴来过渡。

另外，凶手成长的家庭环境比较复杂，可能不稳定，并且深受支配欲比较强的母亲或是其他女性亲属的影响，从而让他产生报复的心理，残忍地杀害其他女性。

从被害人的被害照片上来看，凶手对被害人都进行了分尸，而且分尸都是发生在被害人死后。这表明他并不是施虐狂，也不是对被害人实施惩罚，而是设法减少她们的痛苦。

正当道格拉斯与其他警探分析案情时，却接到了圣克鲁斯警方打来的电话，声称凶手已经投案自首，并供认了几起谋杀案，表明自己就是杀害那些女大学生的凶手。如今，他正在科罗拉多州普韦布洛县城外等待警方来抓他。

起初，警方以为是有人故意搞的恶作剧，可后来他详细地介绍了作案过程和埋尸地点，警方才惊觉且相信了他所说的一切。

后来，那名行凶者还向警方交代，就在昨晚他将自己的母亲杀害了。因为母亲从小到大对他又吼又叫，而且百般羞辱他，自己这样做无可厚非。他还向警方交代了细节：自己是用羊角榔头将正在熟睡的母亲击打致死，并凌辱尸体。而后，他还打电话给母亲的一位朋友，声称邀请她来吃晚饭。在她到达后，他也将其勒死并分尸。

警方随后将他逮捕，当警察赶到那里时，他看起来非常有耐心。随后，警方获知他的名字叫埃德蒙·埃米尔·肯珀。最终，他被判一级谋杀罪，获终身监禁。当法官问他什么样的刑罚适合他时，他冷静地回答道："折磨至死。"

不久，众多媒体对肯珀进行大量的报道。此时，他才进入了众人的视线中：身材高大、魁梧，言谈举止也不像其他连环杀手那样粗鲁，而是比较温和的一个人。这让人很难想象他竟是一个残暴的连环杀手！

随着媒体的不断报道，人们对埃德蒙·埃米尔·肯珀也逐渐加深了解：他和妹妹出生在一个破碎的家庭中，虽然他很聪明，但并没有被父母视为"掌上明珠"，相反，他经常受到母亲的虐待。由于父母争吵不休，不久便离婚了。随着肯珀的长大，他的长相越来越酷似父亲，这更让母亲看着心烦，对他总是相当冷漠。

由于与同龄人相比，肯珀的身型比较高大，因此，很多同学也疏远、躲避他。后来，由于肯珀粗壮的身材，母亲担心他会猥亵自己的妹妹，就将他赶到又黑又冷的地下室居住。这一安排让 10 岁的肯珀又惊又怕，让他感觉自己像是一个囚犯，内心也开始产生仇恨和杀人的念头。

于是，他开始出现了怪异的行为：残忍地肢解了家中养的两只猫以及妹妹的洋娃娃。这让母亲更加生气，对他拳打脚踢，并将其赶到离异的丈夫那里。

可没过多久，肯珀就逃回了母亲的住处。但母亲又将他送到偏僻的农庄，让其与祖父母居住在一起。

这让肯珀感到非常无聊和寂寞，在这个"与世隔绝"的地方，他内心的阴暗也在悄无声息地滋长着。在他14岁那年，由于祖母执意让他帮忙干家务活，不准他跟随祖父外出。于是，恼怒的他用一支来福枪击毙了他的祖母，而后他用菜刀猛砍尸体。虽然肯珀与祖父比较亲近，但他不知道祖父能否原谅自己闯下如此大祸。于是，当祖父回家时，肯珀也对其下了狠手——用枪射杀了祖父，而那把枪是祖父送给他的生日礼物。

在杀了祖父母之后，肯珀并没有感到惊慌，他冷静地打电话告诉母亲自己所犯下的罪行，随后等待警察的到来。当警察审讯他时，他满脸不屑地回答道："我只是想知道杀掉祖母是一种什么样的感觉。"

因此，肯珀被诊断为"个性特征畸形、被动攻击类型"。之后，他被关进了专门收治精神病罪犯的州医院。而在这家医院中，聪明的肯珀表现得非常突出，并很快与医生建立了良好的关系，甚至成为医生助理。在此期间，他还学习并掌握了很多心理学方面的知识，并阅读了医院大部分的病例资料和诊断结果。当他知道精神评估测试的标准后，高智商的他背下了28种精神测试的答案。

因此，在肯珀21岁时，他顺利地通过了精神评估测试，并被评估为"对社会没有危险"，从而获得假释。随后，他继续受到母亲的监护。而母亲此时刚与第三任丈夫离婚，并在加利福尼亚大学圣克鲁斯分校做秘书工作。可是，多年的离别并没有让这对母子关系变得亲近，他们时常会发生争执，而且母亲依然像以往那样羞辱他。

虽然聪明好学的肯珀在社区大学出色地完成了学业，他本来想考入警察学校，却因为身高问题而被拒之门外。因此他时常出入警察去的酒吧或餐厅，听听他们所讲的故事，过过瘾。

在此期间，肯珀时常做一些零活。当他申请加入公路巡警队遭到拒绝后，却获得了一个进入加州公路局的机会。他开始喜欢开车兜风，并将自己的车改装成与警车极为相似的样子，搭载圣克鲁斯附近的年轻女孩回校或回家。

由于受到母亲的羞辱，导致肯珀心中的"恶魔"逐渐成长，他的杀戮计划也开始实施：1972年5月7日，他载着弗雷斯诺州立学院的玛丽·培斯和安妮塔·卢切斯到一个偏僻的地方将她们捅死，并将尸体放在母亲的住处，还用照相机对尸体拍照，随后对尸体进行肢解；同年9月14日，肯珀搭载15岁的高中女生艾柯·库，在将其闷死后对尸体施暴，随后将尸体运回母亲家进行肢解。次日，他开着装有那名女孩头颅的车去医院接受定期检查以及心理健康状况评估，并且顺利通过了测试。精神科医生还称，他不再对社会或他人造成威胁。

1973年1月9日，肯珀搭载圣克鲁斯分校的学生辛迪·沙尔，随后将其枪杀，并在对其施暴后分尸。另外，他还将沙尔的头颅埋在母亲家中的后院，让其脸朝上，两眼对着母亲的卧室窗户，因为母亲总是让人"抬头望着她"。

随后，圣克鲁斯分校的管理人员虽然警告女学生不要外出，但是由于肯珀的母亲在这所大学里工作，他的车子贴有学校的通行证，因此，他继续顶风作案。不到一个月，他又相继杀害了两位女学生罗莎琳德·索普与艾丽斯·刘。

肯珀被抓之后，在监狱中他曾以割手腕的方式来结束自己的生命，但并没有成功。另外，在狱中，肯珀也接受过心理测试，经测试发现，高智商的他能够以精神病学理论来分析自己的所作所为。

\ \ \ 犯罪心理画像专家有话说

　　心理画像专家分析，出现像肯珀这种连环杀手最根本的原因是残缺不全的童年以及不完整的家庭，母亲长期的羞辱与歧视、同龄人的嘲笑和疏远，导致他内心的仇恨越来越多。久而久之，肯珀只能躲在自己的世界中，幻想能够得到尊重以及获得支配的权力。这也是很多罪犯的犯罪模式，即使知道自己所做的事情是错误的，但是由于疯狂的刺激和兴奋感而停不下来。

第五节　凶残的"蜘蛛人"——同性恋者的"终结者"

在伊利诺伊州温暖的午后，比斯特太太在路边等待着 15 岁的儿子罗伯特下班。由于罗伯特暑期一直忙着做兼职打工的事情，很多次家庭派对他都没有参加，而今天正好是比斯特太太的生日，懂事的罗伯特必然不会错过母亲的生日。因此，比斯特太太高兴地来接儿子下班。

罗伯特在下班后并没有直接与比斯特太太回家，他告诉母亲，他要先去地下停车场见一个承包商，谈谈暑假兼职打工的事情，因为他听闻这份工作的收入比他现在的收入要高两倍。

一段时间过后，比斯特太太还不见儿子罗伯特的身影，她有些着急和担心，立刻打电话报了警。但警方却安慰她说，有可能是正处于青春期的孩子不辞而别，与其他朋友玩耍去了，这是经常发生的事情。可是到了晚上七点半，比斯特太太依然没有见到罗伯特回家，参加家庭聚会。于是，她再也按捺不住了，坚持要求警方搜寻她的儿子。

当地警察局刑事组组长乔·葛仁查克听闻这件事后，立刻引起了重视，因为他的儿子与罗伯特同校，而且他深知罗伯特是个乖孩子，不是那种不告而别的人。他推断，罗伯特有可能发生了不测。于是，他带着警员去了罗伯特兼职工作的地方。

经询问得知，罗伯特下午要见的承包商的名字叫约翰·加西，是做装潢设计的。警方经初步调查了解到，在事发当天约翰·加西并没有出门，一整天都在房间里做设计、评估工作。但葛仁查克还是对他有所怀疑，准备调查他过去是否有犯罪记录，并通知他前来警局接受调查和讯问。

当加西来到警察局接受讯问时，葛仁查克还没有开始深入调查他。但他的外貌却引起了葛仁查克的注意：身材矮胖、双下巴、黑胡子。他声称自己是个生意人，也曾经参加过地方政治活动，还曾与第一夫人合过影。另外，他还经常参加一些公益活动。比如，在一些庆祝场合中扮演小丑，以娱乐小朋友。

当葛仁查克问他是否认识罗伯特时，他却称自己根本不认识这个人，也不曾与其有过接触。但是，当葛仁查克提到有目击者曾看到他与一个男孩在停车场交谈时，他立即辩解自己当时只是与那个男孩打了个招呼，随后就离开了。

他的证词听起来似乎无懈可击，可是，具有多年从警经验的葛仁查克却认为他在撒谎。后来，通过搜查加西的住处发现了一些男孩的衣物。但由于没有足够的证据，警方无法正式逮捕加西。

可是，警方却有足够的理由对其进行监视。起初，加西不以为然。但一个星期过去了，加西感到相当厌烦，他找律师控告警方骚扰无辜的市民，并称警方的监视导致他无法正常做生意。

正当加西要将诉状递交上去时，葛仁查克接到了其他警察局传来的消息：加西曾在爱荷华州因性侵一名男孩而获刑，本来判其 10 年监禁，却因为他在监狱中的良好表现在几年后就被假释出狱了。

出狱后，他搬到了伊利诺伊州。不久，一名男孩曾指控他有施暴和行为不检。可是，在他被警方拘捕数天后，他却称是男孩企图勒索他，并要求警方逮捕那名男孩，但警方并没有采取行动。可到了开庭审理当天，那名男孩因故没有出庭，法院最终撤销了加西的罪名。

获得这些信息后，葛仁查克决定对加西的住处进行全面而彻底的搜查。加西也一起随行，当警方指控其藏匿罗伯特时，他断然否认。可是，他却承认自己曾因为自卫而杀死了一名同性恋伙伴，并将其尸体焚烧后藏匿在车库的水泥地板下。

　　警方立刻对加西住所进行全面的搜查。在房间内，警方发现了一间密室，打开后竟然发现 3 具被肢解的尸体。因此，警方立刻逮捕了在场的加西，并指控其谋杀。

　　随后，警方对加西的住处开展更加细致的搜查，将外墙、天花板、地板等全部打掉。结果在房间里发现了不属于加西的物品：项链、皮带等，无疑，这些都是被害人的。最终，经清点发现，在室内发现的尸体总共有 29 具。加西也承认另外 3 具尸体，包括被他扔进了狄斯·普拉尼斯河中的罗伯特。

　　这让警方感到非常震惊，这个凶残的谋杀犯是美国犯罪史上杀人数量最多的人之一。而大部分的死者都是 15 ～ 20 岁的男子。同时，这也引起 FBI 行为科学部犯罪心理画像专家罗伯特·K.雷斯勒以及一些心理学家的注意。在加西向警方交代犯罪细节的时候，雷斯勒也全程参与，以对其进行深入的研究。

　　约翰·加西交代，他第一次杀人的时候是在 1970 年 1 月的一个晚上。他在一个巴士站勾搭一个同性恋男子，并将其带回家。可在第二天，那个男子却拿着一把刀向他逼来。在挣扎的过程中，他将刀捅进了对方的胸口，待对方死去，他将尸体埋在了屋内。

　　不久，加西就与一名女子结婚，并生下两个孩子。可后来，他坐牢后，妻子就离开了他。后来，他又与第二个妻子结婚，并住在埋藏尸体的住所中。过了不久，妻子就向他诉说，家里似乎有股难闻的异味。但加西并没有感到紧张，而是对妻子辩解称，这是由于家中好久没有进行彻底的清扫。于是，在妻子外出度假时，加西用水泥将那具尸体封死。

　　随后的几次杀人经历他已经记不清楚了。不过，他交代在 1975 年时，杀害了公司员工约翰·巴柯维哥。当时，巴柯维哥要求他支付拖欠的薪水，可是加西却用三寸不烂之舌将其骗得团团转，后来又将其带到家中灌醉，与他玩起了"强暴游戏"，对其进行性攻击。最后，再用绳子将其勒死。他将巴柯维哥埋在车库的一个工具房中，并且用水泥将尸体覆盖住。

久而久之，加西诱惑年轻男孩的"技术"越来越成熟，而且凶残的程度也变本加厉。他声称自己如同一个"蜘蛛人"，那些自己想诱骗的对象是无法逃脱他织好的"网"的。

因此，加西经常在同性恋酒吧或餐厅等地方逗留、徘徊，以此寻找合适的对象。而这些人大多是短暂停留的过客，因此即便失踪了也没人知道。加西总是将他们邀请回家，然后再对其灌酒或是骗其吸食毒品，这时，他还会适时介绍一些同性恋电影或黄色刊物。如果对方没有拒绝，他就会与其玩起"强暴游戏"。最终，这些人自然难逃加西的"魔掌"而被杀死。

在审判约翰·加西的时候，陪审团一致认为他应该为 33 条人命负责，法官判其死刑——坐电椅。

犯罪心理画像专家雷斯勒认为，加西是个相当聪明的人，而且智商也非常高，是一种智慧型的杀手。他不仅能言善辩，更知道如何消除对方的戒心，让他人轻而易举地走入自己事先布置好的"网"中。如果他不想交代犯罪事实，警方很难从其口中得出一些事实真相。

另外，他十分善于伪装。由于不断的杀戮行为一直未被警方发现，这让他变本加厉，变得更加肆无忌惮。他在社区中经常装扮成小丑去探望医院中的儿童或是自发地在社区举办派对，抑或是帮助邻居修理损坏的家具等。可以说，只要是公益活动，总是少不了加西的身影。其实，这都是他的伪装之术。即使附近发生命案，警方及附近的邻居也不会怀疑到这个"好好先生"身上。

虽然很多媒体报道约翰·加西是一个双重人格的人，但心理画像专家雷斯勒却认为，他是一个工于心计的聪明人。当加西帮助妻子的哥哥经营炸鸡店时，他总是利用自己的地位去诱惑年轻的男性员工。如果有的员工答应与其发生性关系，就会得到一定的补偿；如果有的员工不答应，他则会残忍地进行报复。一个男孩曾控告加西施暴，但加西却雇另一个男孩将他打个半死，并威胁他不可以出庭作证。因此，这起案件最终因为原告不愿出庭作证而撤销了对加西的控诉。

除此之外，有心理学家也对加西进行了分析，从他所犯的案件中不难看出，加西内心有着无法掩盖的痛苦。另外，他喜欢操纵、掌控他人。这从他在狱中的表现就可以看出来：他在狱中结识了异性笔友，他经常写信告诉对方如何做事、如何与家人友好相处等。可能正是由于这种矛盾的个性，才导致其不断地杀人。

而加西凶残和扭曲的心理，也源于他童年时期的经历：家教比较严，父亲经常酗酒，酗酒后就会对加西和其母亲拳打脚踢。而在加西5岁的时候，就遭到十几岁的女孩性侵；8岁的时候，他曾遭到一名男性承包商"玩弄"；10岁时，患有癫痫症，从此药不离口。上高中时，由于身体的原因致使他无法参加运动，即使是一些简单的日常活动。成人后，他找到工作也是刚做了几天就因为体弱多病而被辞退。从此，他的性格大变，并且再也离不开酒、毒品等。

\ \ \ 犯罪心理画像专家有话说

一些变态冷血杀手的形成还与他们成长的第二个阶段——青春期有关。如果这些罪犯在这个阶段有人伸手拉他们一把，心灵上得到了拯救，那么，他们就不会走上犯罪的道路。可是，几乎所有的罪犯都没有那么幸运，从而导致他们走上了有去无回的不归路。

心理画像专家表示，一般来说，很多孩子的负面个性特征都是在8～12

岁时加速发生变化，此时对孩子影响最大的人就是父亲。但是，这些罪犯的父亲却没有尽到关键性的责任。有的已经离婚，有的进入监狱，还有的人虽然与孩子在一起生活，却与孩子感情非常淡薄，并经常对孩子拳打脚踢。比如，上文中约翰·加西的父亲就没有尽到作为一名父亲应尽的责任，整日酗酒，酗酒后就会殴打妻儿。这也是加剧约翰·加西负面个性特征变化的导火索。

第二章

通过画像技巧侦破案件

第一节 怪异的尸体——年轻女教师被杀案

弗朗辛·艾尔弗森是纽约布朗克斯区一家残疾儿童幼儿园的老师，长得娇小可爱，待人温和、有礼貌，对待孩子们也非常有耐心。因此，很多孩子都非常喜欢艾尔弗森。可在一天早上，艾尔弗森却迟迟没来上班，这让同事们感到很不解，因为她向来比较守时，不会随意缺课，即使有事也会事先与学校负责人或同事打招呼。

当天下午，有人在布朗克斯区的一栋公寓的楼顶上发现一具怪异的尸体，于是立刻报了警。警方闻讯立刻赶到案发现场，但他们对尸体怪异的摆放姿势也感到不解，不知道其中暗含什么意思。后来经警方查证，被害人正是弗朗辛·艾尔弗森。

艾尔弗森的耳环被整齐地摆放在头部两侧，脚上的丝袜被脱下，当作绳子捆住其手腕，而内裤则被脱下套在头上，其他衣物也被脱下，扔在尸体旁边。经现场勘查发现，艾尔弗森的脸部遭到严重的打击，脖子曾被皮包的袋子紧紧勒住，从而导致其窒息身亡。

另外，她的尸体也被凶手残忍地破坏，身体上到处都是刀伤，大腿内侧还有咬痕，在其大腿和腹部，凶手还写道："你无法阻止我。"

不过，让警方感到不解的是，在艾尔弗森的身上发现的一个字很像希伯莱文中的"chai"字。后来，她的父母告诉警方，艾尔弗森身上戴着的项链就有这个标记。可是，警方在案发现场仔细查找后并没有找到它。后经证实，这与本案并无关联。

通过初步调查，警方推测艾尔弗森可能是在下楼时遭到了攻击，并被凶手打得昏迷不醒。随后，凶手将她带到楼顶，对其百般凌辱并杀害。

随后，法医在解剖艾尔弗森的尸体时发现，她身体里有精液和一根不属于她的黑色阴毛。于是，当地警方开始进行大范围的搜查。他们审讯了将近2000个人，最终将嫌疑对象锁定在22个人身上。这些人都曾与艾尔弗森有过直接或间接的接触：曾在艾尔弗森所住公寓中做过警卫的黑人、捡到艾尔弗森钱包的15岁男孩等。

可是，通过调查发现，那名黑人警卫虽然做过这栋大楼的警卫，但已经辞职了，而且也没有大楼的钥匙；而对那名男孩审讯得知，他去上学时在楼梯处捡到了艾尔弗森的钱包，只是没有及时上交而已。

另外，那些看似与本案有关的嫌疑人经调查后都一一排除了，这让警方陷入了困境。于是，当地警方向FBI寻求帮助，并将犯罪现场的照片和所有资料交给FBI犯罪心理画像专家约翰·道格拉斯与罗伊·海泽尔伍德。

约翰·道格拉斯与罗伊·海泽尔伍德在仔细查看并分析资料后确认，这起案件不是有预谋地作案，而是随机犯罪。同时，他们为罪犯做了初步的心理画像：白人男性，年龄在25～35岁之间；与艾尔弗森住在同一栋公寓中或是在附近居住，并且认识被害人；凶手多半与自己的父母或年长的女性亲属住在一起；从犯罪现场看，虽然凶手可能不是瘾君子或是长期酗酒，但看上去会比较邋遢。

由于这件案子并不是有预谋的，因此可以推断凶手患有精神病。而从被害人尸体遭到的破坏，可以看出凶手被这种疾病至少折磨了10年之久。这有可能是凶手犯下的第一个案子，如果不及时将其抓住，这绝不会是最后一件。

另外，凶手多半在一年前被精神病院释放出来，而且有可能还在服药。从凶手的字迹和摆放尸体的方法可推断他有可能已经辍学，并喜欢看一些色情刊物，而作案手法便来源于这些书籍。

除此之外，道格拉斯在仔细查看现场照片与其他物证后认为，那根在犯罪现场发现的阴毛与本案无关。经后期调查发现，原来装艾尔弗森尸体的尸袋在此之前曾经使用过，而且没有及时清理干净，从而让法医以为阴毛是凶手留下的。

警方通过道格拉斯提供的心理画像和线索开始对艾尔弗森住所附近有过精神病住院史的人进行调查，一个名为卡尔米·卡拉布罗的男人进入了警方的调查视线内。他是一个舞台工作者，但是目前处于失业的状态，现如今与父亲住在一起，并且与艾尔弗森住在同一栋公寓中，母亲很早就去世了。

在此之前，他的父亲曾经接受警方的调查。但是他声称，在艾尔弗森遇害时卡拉布罗一直待在精神病院里。因此，警方就听信他的说法，将卡拉布罗从嫌疑人的名单上排除掉了。此时，警方对卡拉布罗深入调查后发现，他父亲的说法不尽属实。

卡拉布罗由于患有精神病，在高中时就被退学，后在精神病院疗养了一段时间后被放了出来，并找到一份舞台管理工作。可是，没做多久他就失业了。在最近一年多的时间里，他被关在附近的一家精神病院中疗养。当警方到那家精神病院进行调查时发现，那里的管理非常松散，卡拉布罗很容易就能溜出来作案，而后也会在无人发现的情况下偷偷地潜藏回去。

其实，卡拉布罗的暴力行为很早就开始了，在此之前他曾好几次想要自杀，而且很多人曾目睹过他经常调戏年轻的女性。道格拉斯认为，他之所以会作案是因为他无法与女性正常交往。

而在他的住所中，警方发现了大量色情刊物。另外，警方经过调查发现，在艾尔弗森被害时，卡拉布罗的手臂上曾打着石膏，后来才将其拆下。对此，警方推断，卡拉布罗就是用石膏将艾尔弗森打晕的。另外，通过牙科专家鉴定发现，艾尔弗森身上的咬痕与卡拉布罗的齿痕完全一样。最终，卡尔米·卡拉布罗被判 25 年监禁。

\\\犯罪心理画像专家有话说

FBI 行为科学部经常会收集大量残忍、奇特的案件，并对细节和原因进行仔细的分析。对于他们而言，寻找的不是证据，而是每起案件所暗含的重要信息。此后，美国各地发生的奇特杀人、爆炸、强奸等案件资料都会送至 FBI，他们会对罪犯的行为方式、心理状态等进行分析，在此基础上，创立了一套分类系统和信息库，为心理画像提供了最坚实的基础。

FBI 行为科学部（后改名调查支援组）创建人、美国顶尖的犯罪心理画像专家约翰·道格拉斯曾说："因为我在联邦调查局工作 20 多年，致力于杀人犯和暴力违法者的研究，尽管每起案件都是很独特的，但是他们的行为总是可以归入某种模式。"

因此，每出现一个新的案件时，他们就会通过所建立的犯罪行为信息库迅速地检索出之前发生的类似案件。

不仅如此，在 1992 年，他们还出版了《犯罪分类手册》。道格拉斯曾说："《犯罪分类手册》可以根据行为特点将严重的案件进行整理和分类，并用来解释这些案件。"

第二节 "杀人恶魔"——亨利·李·卢卡斯

1982 年 10 月，美国得州警方接到一个报警电话，一名寡妇已经失踪了好几天，亲朋好友都不知道其下落。于是，当地警方立刻对这名失踪人员曾经出现的地方进行搜寻。当他们搜寻公路边的灌木丛时发现了一具尸体，后经查证，正是那名失踪的寡妇。

可是，警方搜查附近的地方时却没有发现被害人的手提袋。因为，最后目击那名失踪寡妇的人称，曾看到她随身携带一个手提袋。对此，警方推测，那个手提袋有可能是被凶手拿走了。于是，他们在公路旁边盘查来往的车辆。

不久，在一名男子的汽车后座上找到一个与被害人的非常相似的手提袋。于是，警方对汽车主人进行例行检查。经检查，车主的名字叫亨利·李·卢卡斯，身体健硕，但左眼有残疾。同时，在他汽车的后备厢中还发现了危险刀具。因此，警方以携带危险武器的罪名将其拘留。

卢卡斯被带到警察局后，警方对那个可疑的手提袋进行了全面而仔细的检查。可结果发现，它并不是被害人的手提袋。另外，卢卡斯出示的加油站收据也表明，当那名寡妇遇害时，他正在 300 多千米之外的公路上穿梭游荡，根本不具备作案时间。

虽然卢卡斯与这起谋杀案没有关系，但是警方对其后备厢中的危险工具还是产生了怀疑。因此，警方并没有将其立即释放，而是将卢卡斯扣押了，准备随后再继续盘问。

可是，让警方震惊不已的是，卢卡斯还未等警察盘问就自曝以往的杀人经历，声称自己在美国每个州都杀过人，目前已有 200 多人死于他的手中。

他向警方交代，自己曾与一个名叫奥缇斯·艾尔伍德·图勒的人成为杀人搭档。他们是在佛罗里达州相遇的，图勒比卢卡斯小 11 岁，是一个有异装癖和恋尸癖的疯子，同时也是一个同性恋。由于他与卢卡斯的癖好相同，因此，一些被害人常常会成为他们的"盘中餐"。在杀人方面，他们不会拘泥于任何手段。在一段时间里，他们总是将被害人横放在公路上，然后开车从上面碾压过去。

他与图勒相识两年，关系破裂是由于图勒的侄女贝奇·鲍维尔。起初，他们三个人住在一起，并继续他们的犯罪行为，后来，由于双性恋的卢卡斯与贝奇走得比较近，这让图勒心生嫉妒，从而与卢卡斯决裂。

卢卡斯的供述让警方感到震惊，同时，这个"杀人恶魔"也震惊了全世界。卢卡斯被捕之后不久，图勒也被警方抓获，他们总是以炫耀的态度向警方交代自己的杀人经历，并会详细讲述案件的细节。

但是，警方却十分怀疑他们所说的内容的真实性，虽然卢卡斯所说的很多谋杀细节与事实相吻合，并且能够说出被害人的姓名、职业、遇害地点等，但这些情况曾被媒体报道过，也许是他记住了这些细节，以此愚弄警方。除非某些细节没有被媒体公布过，警方才对其交代的犯罪事实调查取证。

当卢卡斯提及他们曾在西班牙和日本作案时，警方经过深入调查发现，他们并没有离开过美国的记录；卢卡斯声称曾在弗吉尼亚杀害一名女教师，并说出了她的名字，可警方调查后才得知，那名女教师并没有受到伤害，一直好好地生活着。而有些卢卡斯所交代的谋杀案，警方根本无法调查。

在卢卡斯被判死刑后，当警方调查一名 80 岁的老人凯特·里奇失踪案时，卢卡斯却称自己将她的尸体埋在他家里的炉子旁边。当警方去他所说的地方搜寻时，确实在那里找到了里奇的尸骨。

美国各地警察机构都向得州警方打电话询问，希望得州警方能够帮助他们侦破一些悬而未决的案件。在调查这些案件的过程中，卢卡斯经常被批准从监狱外出。一时间，他似乎成了明星，搭乘飞机、汽车到很远的地方，被安排住在不错的宾馆中，并为他提供丰盛的佳肴。

不过，在调查的过程中，警方发现很多案件都是卢卡斯自己虚构或是臆想出来的。当他对监禁的生活感到烦闷时就会告知警察，自己又想起某个被害人的情况。他的目的就是引起警方的注意，担心自己会被遗忘。

后来，卢卡斯的案件引起了 FBI 行为科学部的注意，他们决定对其进行深入的研究。

研究人员对卢卡斯的大脑进行 X 光检查后发现，他的大脑控制情感和行为的部分有大面积的创伤。据卢卡斯交代，在他少年时期，母亲打骂他似乎像家庭作业一样，每天都会经历，这让他感到习以为常。他左眼失明，就是遭受残忍虐待的最好证明。但卢卡斯在后来却记不清是哪一次打骂造成的结果。在他 12 岁的时候，母亲在打他时由于下手过重，导致他头部受了重创，从而直接损害了他的大脑。心理学家分析，这极有可能是导致他日后精神分裂以及产生冷血行为的原因。

而长期遭到虐待，不仅让他变得没有半点的同情心，还让其心理出现畸形发展。因此，幼年的卢卡斯总是捕捉老鼠、小鸟等动物，然后将它们折磨至死。长期受虐的他不认为这么做是残忍的行为，反而从中能得到满足，并乐此不疲，这为他将来杀人、折磨被害人奠定了基础。

在幼年时期，连续 3 年的时间里，母亲总是将卢卡斯打扮成女孩子的样子，还给他烫了头发，这让他受尽同学的侮辱和嘲笑。心理学家分析，这段经历不仅摧毁了卢卡斯作为男孩的自尊心和自信心，也是让他成为双性恋的直接诱因。

由于卢卡斯的母亲是名妓女，她毫不避讳自己的儿子，竟然荒唐到在家里接客，并强迫卢卡斯观看。对此，心理学家分析，母亲的这种行为让卢卡斯产生了不正常的性观念，认为没有必要控制自己的性冲动。后来，卢卡斯交代，他杀人的理由几乎都是对方不与他发生性关系。

据卢卡斯交代，第一次杀人是在他 13 岁的时候，他企图强暴一名 17 岁的女孩，遭到对方的强烈反抗后，恼羞成怒的卢卡斯死死地勒住女孩的脖子。待他冷静下来后，才发现那名女孩已被勒死。随后，他将尸体扔到了河边的树林里。但警方在他幼年生活的地方调查时却发现：当时没有发生任何一起少女谋杀案。对此，心理学家分析，这有可能是患有精神分裂症的卢卡斯幻想出来的，因为他已经分不清真实与幻想之间的界限。

在卢卡斯 23 岁的时候，他认识了一个叫莎拉的女孩。当他准备与女孩订婚时，却遭到了母亲的强烈反对。卢卡斯的母亲希望儿子成为自己永远的玩具，而且想一直控制他。于是，她千方百计破坏他们的感情。最终，莎拉认为自己在婚后无法与性格如此乖戾的人在一起相处，从而离开了卢卡斯。

心理学家分析，这一事件可以说是卢卡斯的人生转折点，留下了他的第一个真实的犯罪记录。女友的离去让愤怒的卢卡斯失去了理智，在与母亲激烈的争吵中，他一手掐住母亲的脖子，一手拿起了餐桌上的刀，将母亲捅死了，并在母亲死后，对其尸体进行破坏和凌辱。

这起残忍和变态的凶杀案让法院认定他犯有二级谋杀罪，但由于卢卡斯的律师强调他患有精神分裂症，因此，法院宣布，他将在精神病院被关 40 年。

可是，在卢卡斯被关几年后，他获得了假释。虽然他声称自己还没有准备好出院，但医院却忽略了他的建议。从此，亨利·李·卢卡斯开始了他的疯狂杀人生涯。他经常开车在美国各个州的公路上游荡，只要想杀人，不管对方多大，上至八九十岁的老人，下至几岁的孩童，只要对方与其相遇，几乎无一幸免。

虽然抓获卢卡斯纯属偶然，FBI 行为科学部犯罪心理画像专家罗伯特·K.
雷斯勒却在对卢卡斯进行访谈之后提出："如果我们在卢卡斯做出惊人坦白时
已有 VICAP，那么我们可以很容易地区分坦白中的实情和虚构的部分。"而
在雷斯勒对卢卡斯进行访谈时，他最终坦白地承认几乎所有的案件都是他虚构
的。其实，他大概"只杀了几个人"。同时，他声称，自己说谎只是为了"娱
乐"警察，让别人觉得警察很愚蠢。

\\\ 犯罪心理画像专家有话说

所谓的 VICAP 就是暴力罪犯逮捕计划，可以收集和分析随机谋杀、儿童
绑架案等案件的信息。将这些案件的证据收集完毕后，就可以将信息系统化地
分类存储，从而让美国各州的执法机构共同使用。同时，通过这些数据也能够
集中分析出犯罪行为的相似性。如果在分析的过程中发现了不同案件之间存在
关联性，那么，不同的机构就会联手进行调查。

VICAP 最早是由担任警察顾问的皮尔斯·布鲁克提出的，他一直向司法
部建议，有必要建立一个全国性的电脑系统——暴力罪犯逮捕计划（VICAP）。
在 1982 年，政府决定研究这一提案的可行性。整个团队不仅有 FBI 行为科学
部犯罪心理画像专家罗伯特·K.雷斯勒，还有 20 多个州的谋杀案侦查专家、
犯罪分析专家等。

在 VICAP 成立后，FBI 的特工会制订 VICAP 犯罪分析报告表，并将其分
发给 FBI 地区分局。报告表涉及很多问题，对于负责案件的 FBI 特工来说，需
要提供三类信息：罪犯是连环杀手还是毒贩、案件是否涉及人员失踪或绑架、
案件涉及的是谋杀还是企图谋杀等。

随后，他们还需要描述案件的细节。比如，案件发生的时间、被害人身份、尸体上的穿着、胎记等。紧接着，还需要他们回答关于犯罪手法的一些问题，这包括犯罪现场的各种细节等。还有一些问题则需要法医进行回答。报告表的最后部分则需特工列举在他们看来可能和案件相关的其他案件。

不过，VICAP 的报告表却无法申请犯罪心理画像专家的评估。这需要负责案件的 FBI 特工直接与犯罪心理画像专家联系。如果犯罪心理画像专家在评估后认为特工的申请符合要求，他们就会将案件转交给国家暴力犯罪分析中心的专家。

VICAP 的分析过程主要有六个步骤：

一、输入必需信息。将包括 VICAP 报告表在内的犯罪心理画像所需要的信息都输入到电脑中，这些信息包括案件证据、犯罪现场照片、证词等。

二、对犯罪行为进行分类。犯罪心理画像专家会根据犯罪维度对信息进行分类。比如，谋杀案类型、犯罪动机、犯罪地点等。

三、犯罪评估。心理画像专家在了解案情后会试图重现罪犯和被害人的行为。比如，案件是有预谋的还是随机的、犯罪现场是否被改变等。

四、罪犯画像。罪犯画像不仅包括罪犯的性别、种族、工作经历等，还包括罪犯的心理特点，即罪犯的性格特征等。除此之外，还包括犯罪记录等。在提供这些信息后，犯罪心理画像专家还需回到第二步，以此确定自己的信息是否与罪犯的信息相匹配。

五、调查。书面的犯罪心理画像完成后，就会传递到警方手中，以此作为线索筛选嫌疑人。如果警方获得更多的信息，画像则需要适当地更改和调整。

六、逮捕。罪犯心理画像的最终目的是逮捕。抓捕罪犯后，警方通过审问让罪犯坦白案件的相关细节。

第三节　恐怖的凶杀案——是谁杀害了小女孩

在佐治亚州罗马市，一个 12 岁的漂亮小女孩玛丽·弗兰西斯·斯托纳与同学们高兴地坐着学校班车回家。一路上，她与同学们开心地聊着。不一会儿，就到了玛丽·弗兰西斯家附近的公路边。她与同学告别之后，就下车回家了。

可是，玛丽·弗兰西斯的父母却迟迟没有见到她回家。这让父母非常担心和着急，立刻打电话报了警。当警方正在搜查时，有一对年轻的夫妇打来报警电话，在一条长满树木的小路边发现了一个小孩子的尸体，当地警方闻讯立刻赶到案发现场。

经过现场勘查发现，小女孩的脸上盖着一件鲜黄色的外衣，身上的衣服凌乱不堪；头部遭到钝器重击，这是她致死的原因；脖颈处有勒痕，表明有人在背后用手勒住其脖子。验尸结果显示，颅骨破裂，曾遭到强暴。警方推测，颅骨破裂可能是案发现场的大石头敲击导致的，因为她头部附近就有一块血迹斑斑的大石头。后来经查证，这个小女孩正是失踪的玛丽·弗兰西斯·斯托纳。

佐治亚州罗马市 FBI 常驻办事处的特工罗伯特·利里立刻联系 FBI 犯罪心理画像专家约翰·道格拉斯，希望他能够协助调查。在道格拉斯还未拿到案件卷宗前，他想尽可能地了解被害人的详细情况。于是，他让当地警方深入调查玛丽·弗兰西斯·斯托纳。

经调查得知，只要是认识玛丽·弗兰西斯的人都对其赞不绝口，声称她是一个懂礼貌、待人热情且非常讨人喜欢的小女孩。在学校里，玛丽是乐队的指挥，经常穿着指挥制服去学校。她从没有吸食毒品或是喝酒的记录，更没有发生过性行为。验尸结果也显示，在她遭遇强暴的时候还是处女身。对此，道格拉斯认为，玛丽属于低风险环境下的低风险被害人，所以凶手是随机作案，并不是有预谋的。

在了解这些情况并仔细阅读案件资料以及现场照片后，道格拉斯分析：从遇害者身上凌乱不堪的衣服可以看出，她是受到他人的逼迫而脱下衣服，遭到强暴后又被允许匆匆穿上衣服；背部、腿部等部位没有杂物，表明被害人是在车子中遭遇强暴的，而不是在案发现场的树林中。

凶手用外衣盖住被害人的头部，表明行凶者对犯罪行为感觉非常不好。不过，从这起案件的情况来看，凶手是比较有智慧的，而且头脑清晰、有条理，他有可能会对犯罪行为进行思考，会将自己所犯下的错归咎于被害人身上，从而认为自己的行为是合理的。而这个思考的过程越长，凶手就越难坦白认罪。即便他接受测谎测试，也会机智地通过。

当风头没有那么紧时，他就会悄然离去，潜逃到另一个地区。这对于警方来说，抓捕的难度就会加大。因此，道格拉斯认为，要尽快抓住凶手。

而从作案的手法来看，凶手有可能就住在附近，可能曾被警察约见、审讯过，但是他会表现得很配合。由于这起案件比较复杂，表明凶手并不是初犯，但有可能是第一次杀人。

从被害人的遇害地点来看，这个地方比较偏远，表明凶手非常熟悉这个地区，知道那里不会轻易被人发现。

而凶手所使用的车子应该已经有好几年了，可能由于经济问题让他买不起新车；车子性能不错，而且保养得也不错；从作案现场看，凶手做事有条不紊，表明他有强迫症，因此，这类人往往比较喜欢深色的汽车。

通过这些分析，道格拉斯设想了案件发生的整个过程：由于玛丽·弗兰西斯比较年幼，而且性格外向，因此很容易相信他人。凶手有可能是对玛丽·弗兰西斯先进行哄骗，当她走到他的汽车旁边时，就用刀或枪胁迫其上车。

而凶手并非是早有预谋的，有可能是开车经过这里遇到玛丽·弗兰西斯后才决定下手。行凶者可能由于玛丽·弗兰西斯的开朗、可爱而受到了幻想刺激，把其友好的态度幻想成愿意与他发生性关系的意思。

可当凶手对玛丽·弗兰西斯施暴时，她的大声呼救和害怕打破了他的幻想。对此，他陷入了混乱，不知道如何是好。冷静过后，他意识到自己唯一的出路就是杀人灭口。为了让玛丽·弗兰西斯更好地配合自己，他催促她赶紧穿好衣服，哄骗会放了她。

在玛丽·弗兰西斯刚刚转身离开时，凶手从后面勒住了她的脖子。但徒手勒死她，似乎并没有那么顺利。因此，他将玛丽·弗兰西斯拖到一棵树下，就近拿起附近的大石头，对她的头部进行猛烈的敲击，导致其死亡。

道格拉斯对罪犯做了初步的心理画像：白人男性；年龄在 24 ~ 29 岁左右；已婚，但婚姻可能存在问题或是已经离异；职业应该是从事技术性的工作，比如水电工等；学历最高是中学，在上学时曾辍学；智商中等，性格比较自负、傲慢，即使对其进行测谎测试，也能巧妙地通过；曾经有过犯罪记录，比如纵火、强奸等；所驾驶的汽车颜色是黑色或蓝色的。

当道格拉斯将画像和自己的分析提交给当地的警方时，警方惊讶地说："你的心理画像所描述的罪犯与我们刚刚放走的一个嫌疑人非常像。"随后，警察告诉道格拉斯嫌疑人的情况：他的名字叫雷尔·吉恩·戴维尔，是一个白人男子，今年 24 岁，结过两次婚但又离婚了。目前，他与第一位太太住在一起。

他现在在佐治亚州罗马市做树枝修剪工作，曾经是一起少女强奸案的嫌疑人，但并没有被起诉；平日里，他总是驾驶一辆黑色福特平拖车，而且已经开了 3 年；他承认自己曾在青少年时期因为私藏莫洛托夫鸡尾酒而被拘留过；在上八年级时就辍学了；经过智商测试显示，他的智商在 100 ~ 110。

警方曾经讯问过他，在案发当天，他在做什么。他声称，自己当时在一条街道附近修剪树木。后来，警方对其测谎，他顺利地通过了测谎测试。

对此，道格拉斯建议，对于雷尔·吉恩来说，测谎对他根本没有什么用处，也测不出什么结果。他认为自己可以战胜机器，因此，不妨采用一种逼其就范的方法。可以将审讯的时间放在晚上，地点就在警察局内。起初，先让嫌疑人感到比较自在，从而让其慢慢放松警惕心，自然就会暴露出自己薄弱的地方。

在审讯的过程中，不要有任何说明，将案发现场沾有血迹的石头放在一张桌子上，与嫌疑人视线保持 45 度角，使他在转头时发现。在此过程中，观察他所有的肢体语言动作：呼吸、面部变化等。如果他是凶手，绝对不会对那块石头视而不见的，即使警方不做任何解释。

其实，这是犯罪心理画像专家道格拉斯多年研究出来的审讯技巧，给嫌疑人营造一种"如坐针毡"的氛围。

另外，在审讯的地方布置一些富有神秘性的微弱灯光。同时，审讯的警官不要超过两名，最好其中一名是 FBI 特工，一名是当地的警察。在审讯的过程中，向嫌疑人暗示警方已经掌握了他的所有情况，并站在他的角度上去怪罪被害人，从而让对方对此次犯罪行为做出解释。

在这起案件中，由于凶手使用钝器重击玛丽·弗兰西斯的头部，凶手身上难免会沾有被害人的血。因此，当嫌疑人闪烁其词时，审讯的警察只需直视其眼睛，意在告诉他：他身上沾有被害人的血。那么，凶手必然方寸大乱。

事情的发展果然如道格拉斯料想的那样：当雷尔·吉恩被带进审讯室时，他首先看到了那块石头，随后他就开始冒冷汗、呼吸急促，肢体动作也与之前讯问时截然不同；而当警方提出血迹的问题时，他立刻有些坐立不安。这让警方更加确认雷尔·吉恩·戴维尔就是凶手。

最终，雷尔·吉恩承认了自己的强奸行为，但却称是玛丽威胁了自己，自己才那样做的。不仅如此，他还供认了曾经犯下的强奸罪行。雷尔·吉恩·戴维尔因奸杀玛丽·弗兰西斯·斯托纳被判处死刑。

\\\犯罪心理画像专家有话说

犯罪心理画像专家表示，在任何案件中，想要侦破案件，就需要寻找具有"最薄弱环节"的人，并将其确定为侦破案件的突破口，想办法让其上钩。尤其是合谋案，一旦选定容易突破的嫌疑人，那么，很快就会看到团伙分崩离析的场面。

在审讯的过程中，不仅要选择有权威且温和友好的警察，以此让嫌疑人感到轻松，而且还要"布置"好审讯场所，以此发挥烘托、渲染审讯气氛的作用。如果在审讯的过程中，特意占用一间审讯室，会让嫌疑人感到警方对案件非常慎重；如果在墙壁上"装饰"一些资料图片或图表，就会让嫌疑人更感到案件调查规模庞大。同时，在图表上标出罪犯所面临的刑罚，从而发挥更好的心理威慑作用。

而何时对嫌疑人进行审讯，犯罪心理画像专家认为，在深夜或是凌晨几个小时是提审的最佳时间段。因为此时罪犯往往比较松懈，会更容易暴露自己的弱点。同时，连夜审问也向嫌疑人传递出这样一个信息：这起案件非同小可，警方正在全力以赴地侦破它。

第三章

欲盖弥彰的犯罪现场

第一节　是谁杀害了年轻漂亮的女郎？

卡拉·布朗是个年强漂亮的美国女郎，金色的长发，姣好的身材，性格奔放、热情，她的未婚夫马克·费尔高大魁梧，与她简直是天造地设的一对。现如今，他们正准备乔迁新居，搬到伍德里弗镇阿克顿大街的住所中。

周二晚上，卡拉与马克在新居举行了答谢晚会，与一些前来道贺他们乔迁的朋友举杯畅饮。第二天早上，马克上班之后，卡拉则在新居收拾整理，等待着马克下班。

马克在下班后，先去找朋友汤姆·菲根鲍姆，因为他答应送给马克一座A字型的狗屋。随后，他们将狗屋搬到了车里，然后马克开车朝自己的新家驶去。

到了房门前，马克下车去叫卡拉，想告诉她这个好消息。可是，马克喊了好几声，也没有听到卡拉的应答，心想她可能外出购物了。当马克与汤姆将狗屋放在后院时却发现后门没有锁。马克不禁嘀咕了一声：卡拉怎么这么不注意啊，以后要多多提醒她。

随后，马克带着汤姆参观他们的新房子。看完主要的房间后，他们去了地下室。当进入地下室时，马克看到几张小桌子翻倒在地上，沙发和地板上还有些水渍，一切显得乱糟糟的。这让马克不禁反问道："这是怎么回事儿？前两天我们明明将这里收拾干净了！"

当马克正准备上去找卡拉时，突然发现洗衣间的房门打开着，他走过去，便看到了可怕的一幕：卡拉跪在那里，上身穿着羊毛衫，但腰部以下却赤裸着。双手被电线反绑在背后，头部被浸在一个水桶中……

马克与汤姆立刻冲了过去，将卡拉的头从水桶中拉出来。这时，他们发现卡拉的脸已经变得浮肿发紫，额头上还有一道很深的伤口，下颚也有一道伤口，并且已经没有了呼吸。

悲痛至极的马克瘫倒在地上，他让汤姆拿来一条毛毯盖住她的尸体。随后，他与汤姆报了警。

当地警方接到报警电话后立刻赶到了案发现场，经勘查发现，卡拉的头部遭到了严重的创伤，有可能是钝器重击所致。在其脖子上还系着两只袜子，表明她是被勒死的，在头被浸入水桶中之前就已经身亡了。

可是，当地警方虽然深知犯罪现场的线索对破案很重要，但是取证却非常不顺利，调查人员携带的照相机因为闪光灯出现故障而无法正常工作。另外，由于马克和卡拉在搬来时有很多朋友前来帮忙，导致现场的指纹提取也有一定的难度。

随后，警方开始对卡拉所住的社区以及好友进行调查访问。一位邻居保罗·梅因称，在案发当天下午，他与朋友约翰·普兰蒂大部分时间都在他家的房前门廊上聊天。普兰蒂也称，当天去找工作之后，就去梅因家待了一阵儿，没过多久他又去别的地方找工作了。

另外，他们还称，在案发前一晚，他们和另一个朋友也曾为卡拉和马克帮忙搬家。本来以为他们也会被邀请参加晚会，因为梅因是他们的邻居，而另一个朋友也曾与卡拉在同一所中学就读，结果他们并没有收到邀请，于是那位朋友只在房子外面与卡拉打了一声招呼。

参加宴会的鲍勃·刘易斯称，曾看见一个"相貌粗俗"的人叫喊卡拉的名字，卡拉与其交谈了几句。对此，警方推测，那人可能就是邻居保罗·梅因的朋友。

在调查卡拉之前的一位室友时，她声称，卡拉与其继父关系不太好，其继父还曾经打过她。可是后来警方调查发现，并没有证据证明卡拉的继父与卡拉被杀案有关。

此时，警方将视线转移到卡拉的未婚夫马克·费尔身上。因为他与汤姆是最先发现尸体的，而且能够自由进出房子。但是卡拉的家人和朋友都不相信马克是凶手，因为他们非常恩爱，从来没有什么摩擦和矛盾。而后警方对马克进行测谎，他很顺利地通过了。

但经过测谎发现，卡拉的邻居保罗·梅因的测谎结果很差。虽然警方认为他是最大的嫌疑人，因为在普兰蒂离开他家后，没有人知道他以后做了些什么，但却没有有力的证据证明他与本案有关。这让当地警方陷入了困境，一连几个月，案子都没有任何进展。

于是，他们向 FBI 请求帮助，FBI 探员阿尔瓦·布希负责接手这起案件。此时，FBI 犯罪心理画像专家约翰·道格拉斯也接到通知，希望他能够协助布希一起破案。

当道格拉斯接到警方递交的犯罪现场照片以及案件报告后，他与布希探员进行了仔细的分析：尸体在有水的地方被发现，表明凶手是为了让案发现场变得"面目全非"，以让警方无法从中提取可用的线索或证据；凶手有可能就住在被害人附近，这类案件大都是邻居或熟人所为，因为没有人会大老远跑来这里作案；如果凶手身上沾有被害人的血液，他必然会在附近寻找地方清洗和处理血衣；凶手对周围的环境很熟悉或是对卡拉比较熟悉，了解卡拉与马克的生活习惯，因此才会方便作案。

凶手杀害卡拉并不是预谋的，否则他会随身携带犯罪工具，因为卡拉是被勒死的并受到钝器重击，表明她拒绝了凶手，从而激怒凶手将其杀害。

凶手有可能以搬家为由而来到卡拉家，而卡拉也有可能认识凶手，才会让其进屋。但是凶手的真实目的是与卡拉发生性关系，遭到卡拉的拒绝和反抗后，他就只好杀人灭口。

地板和沙发有水渍，表明凶手在勒死卡拉之后，可能想要用水将其弄醒。在没有达到想要的效果后，他便将卡拉拖过去，将其头按在水桶中，看起来似乎是在举行某种怪诞的变态仪式似的。实际上则是凶手想要转移视线和掩盖真相，殊不知，他的本意暴露了更多的线索和证据。

而将卡拉的头浸在水桶中，也可能有另外一种含义，即她拒绝了凶手，凶手想要让她蒙受耻辱。

另外，当地警方在前期调查询问时，必然已与凶手有所接触了，他肯定会装出很配合警方工作的样子，认为自己这样能够掌控局势。当风头过去后，凶手有可能会悄悄地离开。为了减轻自己的精神压力，凶手可能会酗酒或无节制地抽烟。在这起案件中，酒有可能起到让他"壮胆"走进卡拉家的客观作用，但作案时他并没有喝得酩酊大醉，否则就不会煞费苦心地布置犯罪现场了。

案发后，凶手有可能会改变容貌。如果在案发前留有胡子和长发，在案发后就有可能将其剃掉；如果在案发前没有胡子，在案发后则有可能蓄起胡子。生性邋遢，不修边幅，却总是试图让自己显得有条理性，其实，结果是过度努力控制而让自己心力交瘁。

因此，道格拉斯对凶手做出了初步的心理画像：年龄大概在 25～30 岁之间，由于现场布置得很混乱，表明他有可能是初次杀人；从捆绑被害人的电线手法可以看出，凶手可能从事车间培训等相关工作，学历最高是中学，智商平平；性格暴躁凶狠，有可能曾犯有一些轻罪。如果凶手已婚，那么最近有可能已经分居或婚姻不合，抑或是已经离婚。因为很多类似谋杀案的凶手都是在婚姻方面非常失败，虽然有些许的自信，但内心深处却有很深的缺陷感。

另外，凶手有可能密切关注警方的调查进度。如果警方没有公开发布一些新的线索，他可能会感到释然；若是调查工作有了新的进展，凶手有可能就会乱了方寸。对此，道格拉斯建议，不妨公布一条有望破案的线索，引起人们的关注，从而让凶手如坐针毡，露出马脚。

于是，FBI 探员布希建议，不妨开棺验尸，以此通过媒体将舆论造得更大一些，从而让凶手了解案件有了新的进展。道格拉斯表示赞同，并建议通过媒体向外宣称，警方势必要侦破这起案件，即使用上几十年的时间。凶手听闻后自然就会焦虑不安，四处打听，甚至有可能去墓地见证调查工作新的进展。

随后，联邦调查局与当地警方依据道格拉斯对凶手的心理画像与分析进行深入调查，发现有两个重大嫌疑人：保罗·梅因与约翰·普兰蒂。他们两个人在案发当天就在隔壁，而且普兰蒂还喝了啤酒。在此之前，他们两人的证词总是有所出入，这有可能是喝酒的原因，也有可能是其中一人没有说实话。

同时，他们俩的行为都与心理画像非常符合，尤其是普兰蒂，非常配合警方的调查，并积极地接受测谎。经调查发现，他曾经在案发过后的一段时间里悄悄离开了，后来又回来了。

不久，警方开始开棺验尸，并通过报纸、电视等媒体对其大肆报道。值得庆幸的是，卡拉的尸体保存得很好。著名的验尸官玛丽·凯斯博士重新进行验尸，经过验尸发现，卡拉是由于溺水身亡。更重要的是，凯斯博士还在尸体上发现了咬痕。

此时，FBI 探员阿尔瓦·布希让当地金融方面的警察以是否有资格领取政府救济金的名义到梅因的家中对其进行调查。在交谈的过程中，他们将话题引到了卡拉的谋杀案中，并故意说错卡拉是遭到了枪击、勒杀，然后又被按进桶中溺亡，但梅因却断然否定。

正在警方对梅因进行调查时，有一位参加卡拉宴会的名叫维基·怀克的女子提供了一条线索：在卡拉被害的当天，曾有一名男子声称去过她家，还提到看见了卡拉尸体以及她肩膀上有被咬的痕迹。听他这么说，怀克以为他在胡说八道，因此并没有在意。但后来，那名男子还说，自己要离开这个地方，以免被当成重要嫌疑人。而那名男子正是约翰·普兰蒂。

布希探员得知这一消息，不免感到诧异：卡拉身上有咬痕是他们前不久开棺验尸才勘查到的，普兰蒂怎么会在案发当天就知道呢？另外，警方调查普兰蒂发现，他在案发后开始蓄起了胡子。同时，他与妻子已经离婚，并很难与女性友好地相处。这一切都与犯罪心理画像专家道格拉斯所分析的不谋而合。

随后，布希获得法庭的批准，要求普兰蒂提交一副齿模。在此过程中，他非常配合警方。不过，普兰蒂刚刚提供完齿模，就打电话咨询案情的进展。

最终，经过鉴定发现，普兰蒂的齿模与卡拉身上的咬痕完全吻合。于是，约翰·普兰蒂被指控犯有谋杀罪和私闯民宅强奸未遂罪，被判 75 年监禁。

\\\ 犯罪心理画像专家有话说

对于很多谋杀案来说，一些犯罪分子总是对犯罪现场进行巧妙的安排和设置，不仅隐藏了犯罪现场的证据，也隐藏了真正的犯罪现场，同时，误导侦查人员的调查方向。虽然伪造犯罪现场的事情经常发生，但对于犯罪心理画像专家和侦查人员来说，通过细致的查看和分析，依然会找出犯罪分子露出的"马脚"。

因此，对于侦查人员来说，需要在勘查犯罪现场时弄清楚以下问题：死者真正的死因是什么？现场有挣扎的痕迹吗？罪犯使用的犯罪工具或凶器是摆放在哪里的？罪犯是否从犯罪现场带走了某些物品？

第二节　狡猾的凶手：精心策划的杀人"游戏"

在俄亥俄州基诺亚小镇上，十几岁的小女孩黛博拉·苏总喜欢去朋友家玩耍。一天晚上，由于黛博拉玩得比较开心，不知不觉已经到了晚上 8 点，于是，黛博拉只好依依不舍地离开了朋友家，朝着几条街外的家里走去……

第二天清晨，父亲去黛博拉的房间想喊她吃早饭。可是，喊了几声也无人应答。推开房门，孩子并不在房间里。起初，父亲以为孩子昨天在朋友家玩得太晚，就在那里过夜了。可打电话过去才知道，黛博拉昨晚 8 点钟就已经回家了。

父亲顿时感到不安，他非常着急地拨打了报警电话。警方闻讯赶来，开始对黛博拉所住的社区以及朋友家进行调查和询问。可是，搜寻了很长时间，都没有找到黛博拉的踪迹，也没有人看见过她。

没过多久，黛博拉家中的电话就响了起来，一名男子在电话中声称，黛博拉已经被绑架了，如果想要其活命，就尽快准备好 8 万美元。电话是黛博拉的婶婶接的，当她听闻绑匪这样说，想确认黛博拉是否安全，便要求与黛博拉通话，可对方立刻挂断了电话。

于是，黛博拉的婶婶将这一信息报告给了警方，并告诉警方，从电话声音可以听出对方大概是个白人男性，年龄在 20 岁左右，但却无法判断他是哪个地区的。由于黛博拉的婶婶对通信系统非常了解，因此她推断对方可能是从当地打来的电话。

随后，警方在黛博拉的家中安装了录音设备，等着绑匪再次打来电话。一天之后，黛博拉的父亲在家里接到了另一个电话，对方同样声称绑架了黛博拉，但要求准备 5 万美元的赎金。当黛博拉的父亲要求听听黛博拉的声音时，对方却不同意，并声称很快会打来电话告诉他如何付款。听对方打电话的声音，黛博拉父亲猜测绑匪好像是墨西哥口音。

按照惯例，绑架案件应该由联邦调查局协助调查。因此，调查局很快派出探员狄克·伦恩和乔治·史坦贝克前来协助侦破这一案件。

在绑架案发生的第三天，有人在基诺亚以西 3000 多米的乡间小路附近发现了黛博拉的衣物。又过了一天，在附近的另外一条乡间小路旁边再次发现了其他衣物。而且在其衣物内，还有一张绘制好的地图，地图上清楚地标记了发现黛博拉衣物的两个地方。

于是，警方开始根据地图上的其他标识进行仔细的搜索。随后，警方在一座桥的对岸发现了汽车的轮胎印痕和脚印。对此，警方推测，凶手有可能在这座桥上向河里扔东西。于是，他们派出了警犬进行搜索，但一无所获。

此时，警方认为黛博拉可能已经被凶手杀害了。为了能够尽快找到黛博拉的尸体，警方继续派人在附近进行全面的搜索。同时，还派人监听黛博拉家中的电话。可是，绑匪却再也没有打过电话。这让警方陷入了困境。

于是，探员狄克·伦恩向 FBI 犯罪心理画像专家罗伯特·K.雷斯勒请求帮助，希望他能够协助他们破案。雷斯勒在详细了解案情并查看地图和听了录音后，他推断出这是狡猾的凶手精心策划的"游戏"。其实，警方一直都被凶手牵着鼻子走，他的所作所为都是在误导警方，让警方以为按照那张地图就能发现线索，并让其误以为黛博拉的尸体被扔到了河里。雷斯勒曾经多次与这种狡猾的凶手打过交道，因此他立刻建议警方应该改变侦查方向。

雷斯勒分析，凶手一开始向黛博拉的家人要赎金，声称黛博拉还活着时，其实当时她已经被杀害了；从类似的案件模式来看，黛博拉有可能曾被凶手强奸或殴打，在此过程中致其死亡；凶手有可能并不是故意绑架和杀害她，可能是一时冲动而将其杀害，所以才在后来精心设计了陷阱，误导警方。凶手认为警方如果彻底调查必然会查到他，因此他便设计干扰警方。

因此，雷斯勒对探员狄克·伦恩和乔治·史坦贝克说，其实，凶手最终的目的就是让警方找不到黛博拉。

另外，通过电话录音也能看出是凶手精心设计的伪装，故意用假口音来迷惑警方。因为在这个小镇上只有 2000 个居民，如果进行排查的话，也并非难事。凶手正是注意到这一点，才尽可能地误导警方，以转移他们的注意力。

通过这些分析，雷斯勒对凶手做了初步的心理画像：白人男性，年龄在 30 岁左右；身体比较健壮，因为他能够在小镇上悄无声息地绑架黛博拉，而且在以往的类似案件中，罪犯都会将自己练得很强壮，喜欢穿牛仔靴，以彰显自己的力量感；有很强的攻击性心理，外表干净利落，很容易吸引漂亮单纯的女孩；可能是冲动之下犯下的罪行，因此存在一定的诱因，有可能是与女性发生了冲突或矛盾，从而在压力之下变得狂躁。

从作案手法来看，雷斯勒分析，凶手很熟悉警方的工作，可能从事私家侦探、警察等工作。在作案时有可能处于失业的状态，失业的时间大概长达 6 ~ 9 个月。这可能是他第一次失业，又加上感情不顺，可能与女友分手或是与妻子闹离婚。由于凶手本身性格比较暴躁，在遇到分手或离婚等情况后会变得更加暴躁，从而无法掌控自己的情绪。因此，凶手还有可能出现违规开车、窃听警用频道等违法行为。

调查人员与当地警方根据雷斯勒对凶手的心理画像找到两名嫌疑人：一个是被革职的警察，今年 31 岁，因为与 18 岁的女孩同居而被警局开除；另一个是铁路警察，曾经住在警局旁边，在 9 个月前被解职。

第一名嫌疑人曾经被警方调查过，他还曾经到警局接受讯问，表现得相当配合，向警方交代的都是他们已经掌握的信息。随后，警方对其进行测谎，他顺利地通过了测试。因此，警方认为其无罪。但是，雷斯勒却表示，测谎一般只对普通人较为适用，一些富有经验的罪犯或是足够聪明的人，则很容易通过测谎仪的测试。后来，警方对其多方调查和取证，排除了他的嫌疑。

第二名嫌疑人名叫杰克·盖尔，经警方调查发现，他的近况与雷斯勒所做的心理画像非常吻合：他与前妻因为他们的共同财产而存在矛盾，而且他还曾经因为盗窃罪而被捕过。另外，他还有一辆汽车，里面有各种无线电对讲机，有可能会窃听警用频道。对此，警方决定先不要打草惊蛇，待他放松警惕后再对其进行抓捕。

几个星期之后，罪犯再次将电话打到黛博拉家，并用墨西哥口音告诉黛博拉的父亲准备交赎金。此时，当地的一位警官正在监听。他从电话声音判断，此人正是杰克·盖尔伪装出来的。因为之前调查盖尔的同事得知，他过去经常模仿墨西哥口音与他们聊天。

第二天，绑匪再次打来电话。这次，警方很快追踪到了他的电话来源——几千米外伍尔柯商店墙上的付费电话。随后，警方在这台电话上安装了窃听设备，并在附近安排警员进行监视，准备在绑匪再次使用电话时对其实施抓捕。

果然，没过多久，盖尔就到这里来打电话。与此同时，黛博拉家中的电话也响起。绑匪要求在今晚交赎金，并称黄昏时分会再次打电话告诉其交赎金的地点。盖尔打电话的过程以及声音都被监视人员拍下和录下。监视人员发现，盖尔在打电话时手上戴着手套，可以看出他有很强的反侦查能力，知道怎样避免留下指纹。

监视人员在盖尔打完电话准备离开时决定开车跟踪他，可是，具有很强反侦查能力的盖尔似乎觉察出有些不对劲儿。为了不打草惊蛇，监视人员只好立刻离开了。不过，警方已经安排其他监视人员在盖尔的住宅附近进行了监视。

黄昏时分，绑匪再次打电话给黛博拉父亲，要求他到伍尔柯商店外的电话旁等待他下一步的指示。此时，监视人员发现盖尔在打完电话后将一张纸条放在电话旁边的电话簿中。黛博拉父亲按照要求到了指定的地点，取走那张纸条，并按照纸条上的要求到河边交赎金。可是，他在河边等了 5 个小时，却没有见到绑匪。最后，他只好回到家中。

其实，这一切都是盖尔的诡计。他之所以这样做，就是想获得不在场的证明，证明自己当天并没有出门。虽然警方没有找到黛博拉的尸体，但是已经掌握了足够多的证据可以抓捕、起诉盖尔。后来，在探员狄克·伦恩和乔治·史坦贝克的协助下，警方最终找到了黛博拉的尸体，抛尸地点与盖尔地图上的标识完全相反。

\ \ \ 犯罪心理画像专家有话说

如果我们想要了解某位艺术家，首先需要了解其作品，这种方法也可以应用到罪犯的身上。对于很多罪犯来说，他们的犯罪行为往往是他们自我表现的方式之一。所以，犯罪心理画像专家在推理罪犯的心理时常常会用到以下两种方法：

一是想要知道罪犯在杀害被害人时在想什么，往往会查看他们对被害人做了些什么，比如犯罪现场、犯罪手法等；二是对抓捕并已判刑的罪犯进行访谈，此时的他们已经没有获释的可能了，也不会再撒谎了。同时，有些罪犯也希望自己的"艺术"能够被他人认同，所以在讲述自己的犯罪经过时会有很大的成就感和满足感。而犯罪心理画像专家以倾听者的身份与其交谈，从而了解他们的心理变化。

第三节　妻子被残忍杀害——谁是真正的凶手

一天早上，宾尼法尼亚州维尔克斯巴里市警局接到了一个报警电话：在伯奇街 75 号一位牙医住所发生了攻击事件。于是，警员戴尔·明尼克与安东尼·乔治火速赶往了案发现场。

当他们赶到现场时，看到 33 岁的爱德华·格伦·沃尔西弗医生躺在地上。不过，他并没有生命危险，已经恢复意识。他声称有人企图勒死他，并用钝器重击他的头部。陪伴在他身边的哥哥尼尔称，他住在街对面，当他接到弟弟的电话后，立刻赶了过来，并报了警。

当警方问沃尔西弗为什么不立刻报警时，沃尔西弗称，由于当时被打得晕头转向，只记得哥哥尼尔的电话，就打给了尼尔。警方了解到，沃尔西弗的妻子贝蒂与 5 岁的女儿丹尼尔还在楼上，而沃尔西弗与尼尔却不知道她们现在怎么样了。

尼尔称，每当他想上去查看她们的情况时，沃尔西弗总说自己疼得快要晕过去了，而且不断地呻吟，因此他们到现在为止还没有上楼。沃尔西弗则辩解称，他是担心行凶者还在房间里，因此不敢擅自行动。

于是，明尼克和乔治立刻上楼察看情况。他们仔细搜查发现，并没有行凶者的踪迹，却发现沃尔西弗的妻子贝蒂死在卧室中。她侧身躺在床边的地板上，头朝着床脚。颈部有瘀伤，面部青一块紫一块的，嘴角处的唾沫即将干涸。对此，他们推测，贝蒂有可能是被他人用手掐死的。

另外，他们在床单上还发现了血迹。可是，在贝蒂脸上的血迹已经被擦去，而她身上穿着的睡衣却被掀到了腰部。经验尸官勘查得知，她并没有遭到性侵。

而隔壁卧室住着的丹尼尔仍在熟睡中，没有受到任何伤害。在她醒来后，她告诉警方，自己并没有听到打斗或者破门而入的声音。

勘查完楼上的情况，明尼克和乔治走下楼，但没有描述楼上发生的情况，而是问沃尔西弗医生发生了什么事情。沃尔西弗称，当天快要亮时，他被破门而入的声音吵醒。于是，他立刻从床头柜中摸出了手枪，但没有叫醒妻子贝蒂，而是独自下楼去查看情况。

当他悄悄走到卧室门口时，看到楼梯处有一个个头比较高的男子，可是那个人并没有注意到他。于是，他尾随着他下了楼。可紧接着就找不见那个男子了，他便在楼下四处寻找。

正在寻找时，有人突然从背后袭击了他，并用绳索之类的东西套住了他的脖子。他立刻扔掉手中的枪，用手挡在即将收紧的绳索里。而后，他朝后猛踢，好像踢中了那人的腹部，从而导致其松了手。可是，他还没有来得及转身，后脑勺就遭到了猛烈的重击，导致他立刻晕了过去。醒了后，他就赶紧给哥哥尼尔打了电话。

随后，急救医护人员对沃尔西弗医生的外伤进行处理。可是，他的外伤看起来并不严重，后脑勺仅有一处挫伤，脖颈后面有几处红斑，胸部左侧有一些小擦伤。但是，他们还是将其送到了医院，以让医生仔细检查。医生在检查后也认为他的情况并不严重，可是沃尔西弗却称自己曾经晕过去，医生只好将其留在医院再作观察。

其实，警方对沃尔西弗所说的深感怀疑：行凶者在天亮时从二楼窗户进入房间，这一说法行不通。虽然警方在房子外面发现了一副旧梯子，可以直接通向卧室敞开的窗户。可是这副梯子已经破旧不堪，连中等块头的人都承受不住，更别说沃尔西弗所描述的大块头男子了。

而地面的泥土很松软，梯子并没有在地面上形成凹痕，这表明梯子并没有承载过任何重量的人或物；梯子靠放的铝制檐槽上也没有留下任何痕迹。

另外，房间里的情况也与他的叙述不吻合：贵重的物品似乎一件也不少，尤其是在卧室比较显眼位置的首饰也没有丢失。如果行凶者是为了谋杀而来，为何不先对付一个带枪的昏迷男子，而非要返回楼上杀害手无寸铁的女子呢？

除此之外，还有两点让警方感到很困惑：如果沃尔西弗被人掐到几乎要昏厥的地步，为何在他脖子的正面却没有留下任何痕迹；为何沃尔西弗与他哥哥尼尔在事发后都没有上楼查看贝蒂与丹尼尔的情况？

更让警方感到困惑的是，随着时间的推移，沃尔西弗医生对警方所说的证词也在不断地发生变化，而且回忆起来的细节越来越多，对行凶者的描述也更加详细。他称，那天看到的行凶者身上穿着黑色的无领长袖运动衫，头上套着蒙面袜，蓄有小胡子。

在一些细节上，沃尔西弗的叙述还有些前后矛盾：他曾对警方说听到动静后，他只身下楼没有叫醒妻子，可后来又称听到声响后曾与妻子说过话；起初，他对警方说书桌的抽屉里的1300美元被偷了，可警察找到那笔钱的存单时，他又改了口；警方接到报警电话赶到案发现场时，他似乎刚刚恢复一点意识，说话也有些含糊不清，可是到了医院，他却声称曾听见警方打电话叫来验尸官。

随着调查工作的继续进行，爱德华·格伦·沃尔西弗的证词也在不断地增添更加详细的细节。后来，他声称行凶者有两个人。而警方对其进行深入调查后发现，他在一年前曾与助理牙医暧昧不清，案发前还曾与其来往。但警方问及他这一情况时，他却称早在一年前就已经了结了这层关系。

警方在调查贝蒂的朋友后得知，虽然贝蒂很爱丈夫，但却对丈夫的一些不轨行为感到不满和厌倦，尤其是格伦喜欢在外面待得很晚才回家。在案发前几天，贝蒂还曾对朋友讲过，如果格伦总是很晚才回家，自己则要向其表明态度，不能再与其一起生活了。

由于警方时常向爱德华·格伦·沃尔西弗询问一些事情，后来，格伦按照律师的建议拒绝再向警方谈论任何事情。对此，警方只好将破案重点放在格伦的哥哥尼尔身上。

可是，尼尔所描述的情况与格伦一样都有些奇怪，而且他不愿接受测谎，认为测谎并不是完全准确的，如果测谎结果不好，还会影响他的声誉。但是在警方和贝蒂家人的一再要求下，尼尔与警方约定好时间在法院接受问话并测谎。

当警方在约定的时间等待尼尔到来时，却传来不幸的消息，尼尔驾驶的汽车与一辆大卡车发生了碰撞，导致他当场死亡。经过调查发现，他在行驶的过程中，可能由于当时打弯动作过猛，而后又非常紧张地拐回来，才发生这一事故。

这场变故让贝蒂谋杀案的调查一直无法进展下去，可是当地警方却搜集了大量的间接证据，证明爱德华·格伦·沃尔西弗就是杀害妻子的凶手，但因缺少确凿的证据而无法指控他。虽然在犯罪现场发现了他的指纹和毛发，但由于那是他的卧室，这些证据说明不了什么问题。而在作案过程中使用过的绳索或其他凶器，可能在他打电话给尼尔前早已销毁或扔掉。

对此，当地警方希望能够借助犯罪心理画像专家提供权威的意见，并能出具一份详细的案情分析报告。于是，他们找到了 FBI 犯罪心理画像专家约翰·道格拉斯，并将案件详细的资料都提供给他。

道格拉斯在仔细阅读卷帙浩繁的资料后，得出了结论：谋杀案确实是熟悉被害人的人所为。由于警方已经掌握了嫌疑人，因此，道格拉斯不再为罪犯做心理画像，而是为警方提供了强有力的说明意见，以对嫌疑人实施拘捕。

从盗窃方面来看，这一说法是根本不成立的。因为爱德华·格伦·沃尔西弗所住的地段是一户私宅，而且在私家车道上还停放着两辆车，这是一种高风险的犯罪；从道格拉斯多年处理的案件情况来看，如果行凶者从二楼窗户进入房间后，不查看二楼的房间而立即下楼，是完全不可能的。

由于本案没有证据可以显示行凶者携带了凶器，因此这起案件不可能是预谋杀人。同时，贝蒂没有遭到性侵犯，这更加验证了预谋强奸失败而杀人的说法是不成立的。另外，也没有任何证据显示行凶者有盗窃财物的企图，这表明盗窃的说法也难以成立。

从作案的手法来看，掐被害人的脖子，这是一种典型的亲近型犯罪方式。对于陌生人来说，是不会选择这种作案手法的。而且一个有预谋、精心策划的行凶者更加不会采用这种作案手法。

最终，在道格拉斯的有力分析下，警方经过不懈努力，起诉爱德华·格伦·沃尔西弗犯有谋杀罪。

\ \ \ 犯罪心理画像专家有话说

心理画像技术并不是犯罪心理学家凭空杜撰出来的，而是在大量的刑侦工作基础上对经验和理论的总结、创新。因此，心理画像技术具有科学性、客观性。

首先，心理画像技术依据心理学理论。心理画像技术依据的是犯罪心理学理论，从思维过程上来看，主要通过犯罪行为来分析犯罪心理，再从犯罪心理分析犯罪分子的生活环境等，从而通过犯罪行为认定犯罪分子。其操作过程是：犯罪现场——犯罪行为——犯罪心理——犯罪环境——犯罪分子。

其次，心理画像技术是现代诸多科学成果的结晶。虽然心理画像技术依据的是犯罪心理学理论，可在分析的过程中却涉及诸多学科，吸纳生理学、社会学、精神病学等成果。比如，分析精神病犯罪分子，则离不开生理学、精神病学的研究成果。

最后，心理画像技术升华了犯罪心理学理论。犯罪心理学是在犯罪学和心理学发展成熟后的交叉学科，可以说，想要发展犯罪心理学，自然少不了对心理学的挖掘。而从心理学的渊源来看，如果没有人们对生物学、精神病学、内分泌学的研究，自然也不会诞生心理学。因此，现代犯罪心理学的心理画像技术不仅吸收了古代生物学派、现代精神病学派的精华，还推进了犯罪心理学的发展，因此，心理画像技术升华了犯罪心理学理论。

第四节　住宅遭到暴力破坏——作案者到底是谁

1991 年，FBI 接到一个报警电话，报警者声称自己的住宅遭到了入侵，并遭到暴力破坏。当 FBI 特工到达现场后，看到房间中各种书籍、贵重饰品被扔得满地都是；客厅、主卧、卫生间、厨房等遭到了严重的破坏；一些花瓶、玉器、墙壁上的画作等也被毁坏；墙壁和家具都被涂鸦，并在上面写下一些污言秽语，比如，"混蛋""去你的"等。

此时，犯罪心理画像专家罗伯特·K.雷斯勒已经退休，现如今担任 FBI 的犯罪顾问。于是，FBI 特工希望雷斯勒能够协助他们侦破此案。当警方把犯罪现场的照片和案情报告交给雷斯勒时，雷斯勒认为这起暴力破坏案件并不是很难办，因为在此之前他曾接触过无数起暴力破坏房屋的案件。

于是，雷斯勒仔细查看那些现场照片并分析案情。从照片可以看出，这栋房子原来是一处温馨的、有格调的住宅，但由于遭到破坏而变得一片狼藉。

虽然房屋的主人报案称，房子是遭到一群青春期男孩的破坏。可是，在雷斯勒反复查看那些现场照片后推断，这并非十几岁男孩所做出的暴力反叛行为。

一般来说，这种暴力破坏房屋事件，如果是集体暴力行为，会有一个领头人带着一帮手下，发泄他们的不满或是对社会的愤怒；或是正值青春期的叛逆孩子为了反抗社会或权威而做出的。同时，这些人搞破坏的对象往往是随机选择的，墙上和家具上一些污言秽语可以反映出他们的人生态度和兴趣。他们在做这些事时，一般都会写上乐队、撒旦等之类的名词，还会在衣柜或床上大小便，甚至还会顺手牵羊，拿走一些贵重的财物。

可是，从犯罪现场的照片来看，房间内遭到破坏的物品并不是随机的，而是有选择的。比如，墙上的油画并没有遭到全部破坏，尤其是那些值钱的作品，都没有遭到毁坏。即便遭到破坏，也与其他普通物品的破坏方式和程度都不同。

其中，有一张画有小女孩的油画没有遭到任何破坏。除此之外，虽然有一些漆器掉在了地上，却没有摔破。如果是一些青春期的男孩作案，必然不会出现这样的结果。

厨房和浴室虽然看起来相当混乱，但是镜子和一些厨房用具却没有遭到真正的破坏，除了门把手之外，门的其他部位都完好无损。地上扔有一根条状物，但看起来却不像是扔在那儿的，而像是放在那儿的，它并没有遭到任何破坏。另外，一些衣服虽然有破损，但却没有遭到无法修补的破坏，更没有出现撕裂、割断的情况。

这让雷斯勒不禁有所疑惑：这起暴力破坏住宅案件难道是蓄意而为的吗？作案者是故意选择那些不值钱的东西进行损坏的吗？

而更让他感到可疑的是，一些遭到破坏的画作并没有扔得哪儿都是，而是放在容易整理的地方，家具也是放在容易归位的地方；而那些墙上的脏话并不是时下年轻人喜欢用的词语，现场也没有出现他们喜欢的乐队、口号等。

根据这些分析，雷斯勒排除了年轻男孩或是团伙作案的可能，并对作案者做了心理画像：白人女性，年龄在 40 ~ 50 岁；性格比较谨慎、温和，但有些孤独，看不惯现在的年轻人；非常自恋，人际关系不好，有可能离过婚。从犯罪现场被毁坏的程度和物品上来看，这名女性应该是居住房屋的家庭成员，因为她对房间中的一些物品有感情，而且避免破坏那些最值钱的物品。

从作案者欲盖弥彰的犯罪现场来看，她的"布置"是故意误导警方，将嫌疑引向青少年身上，但墙上的脏话却暴露了她的年龄和性格。那些话并不是时下年轻人会写的，也不可能是年轻的女孩，最有可能就是遭遇中年危机的妇女。

如果作案者有孩子，也不可能是十几岁的男孩，因为这样的话，她就会对时下较为流行的语言比较了解。因此，作案者有可能有个女儿，但女儿不和她住在一起。因为墙上的那幅女孩的油画并没有遭到破坏，这表明作案者有一个比较喜欢的女性家庭成员，但并没有和她住在一起。

而从作案者的作案手法来看，这名女性可能在近期遭遇重大挫折。这个挫折可能与金钱有关，也可能与男人或工作有关。

对此，雷斯勒推断，这名女性的作案动机有四个：一是为了报复家庭中的某位家庭成员；二是最近遭遇重大挫折，心情跌落到谷底；三是想要引起他人的注意；四是可能与保险金有关，由于经济状况出问题，希望得到保险公司的赔款。

当雷斯勒将分析的结果寄给 FBI 特工时，FBI 特工称，经调查得知，房屋的主人与雷斯勒所做的心理画像简直一模一样：房主是一名白人女性，今年 40 岁；最近与男友的关系破裂，经济状况也出现了问题；她与前夫生有一个女儿，但女儿与前夫住在一起；性格温和，但由于长时间独处，显得有些孤僻。

另外，一家保险公司也称，最近接到这家房主的索赔，声称自己的房子遭到破坏，导致 27 万美元的损失。此时，保险公司才知道，原来这一切都是房主蓄意破坏，通过伪造现场进行保险诈骗。

\\\ 犯罪心理画像专家有话说

犯罪现场的细节，尤其是犯罪现场的照片，对于犯罪心理画像专家而言是相当有帮助的。在 1992 年，由 FBI 犯罪心理画像专家约翰·道格拉斯和罗伯特·K.雷斯勒以及其他一些专家撰写的《犯罪分类手册》出版。

在这本书中，他们提出了警方在犯罪现场应该注意的一些问题：犯罪现场是在户外还是在室内？犯罪时间大概在什么时候？罪犯在犯罪现场大概待了多长时间？案件中一共有多少名罪犯？

犯罪现场是不是凌乱不堪？是否找到很多犯罪证据？犯罪是随机发生的还是蓄谋已久、有组织的？一般而言，犯罪现场不会非常凌乱或是十分有组织，大部分的犯罪现场都是处于"两个极端之间"。

罪犯是随身携带犯罪工具还是随手使用现场的工具进行犯罪？罪犯是把犯罪工具带走了还是留在了现场？罪犯是否使用多种犯罪工具？现场是否有弹药？罪犯是刻意将被害人的尸体留下来以让他人发现，还是随便将其留下来的？一般来说，犯罪现场是否留有证据是犯罪分类的重要线索。

最后，警方需要知道的是，罪犯是随身携带着有犯罪工具，还是对被害人进行偷袭，从而将其控制的。

第五节　天网恢恢——伪造犯罪现场却插翅难逃

1997 年 12 月 22 日，在圣诞节前夕，田纳西州的民众都沉浸在节日的快乐中，每个人都在忙着装扮圣诞树、包装着圣诞礼物。但此时，911 中心却接到一个报警电话，报案人声称自己的妻子桑迪·史蒂文与岳母默特尔·威尔森在家中被人杀害了。

911 报警中心立刻将案子转交给当地警探布兰特·科科伦。询问具体的地址和情况后，布兰特·科科伦一边开车到案发现场，一边打电话给同事瑞·雷达以及警局的法医，让他们火速赶到现场。

到了案发现场后，布兰特发现桑迪·史蒂文和默特尔·威尔森都是在各自的卧室遇害的。桑迪·史蒂文的尸体全裸躺在床上，膝盖上有血迹，但没有受伤，而在她头部附近放着几本色情杂志和一个装有她裸体照片的相册；而默特尔·威尔森的尸体也躺在床上，虽然没有全裸，但睡衣已经被拉起，内衣被扔在地板上。法医经过勘查发现，桑迪·史蒂文是在被罪犯捆绑后勒死的，并且遭到了罪犯的性侵，而默特尔·威尔森则是死于刺伤，并被手掐住脖子，但没有被性侵。

起初，警员瑞·雷达以为是入室抢劫案，在抢劫之后，又将桑迪·史蒂文和默特尔·威尔森杀死，并对桑迪·史蒂文实施性侵犯。可是，对犯罪现场有着丰富经验的警探布兰特·科科伦在仔细察看房间后却提出了不同的看法。他认为，虽然这起案件与其他性犯罪现场有相同之处，但也有着很大的不同，而这个犯罪现场似乎是被罪犯伪装过的。

因为每个房间内都相当凌乱，圣诞树倒在一边，但树上挂着的玻璃球却一个都没有破碎，似乎是被轻轻放倒的，而不是用力击倒的。在默特尔·威尔森的房间中，钱包里面的东西都扔在地上，但没有被拿走。另外，她的梳妆台抽屉虽然被打开，但似乎没有任何东西被拿走。而在桑迪·史蒂文的房间中，虽然衣服被扔得到处都是，但像是刻意摆放在那里似的。这些房间都没有破门而入的痕迹和证据。

于是，警探布兰特·科科伦让负责勘查现场的同事收集犯罪现场的指纹。最终，他们在现场收集到了 30 枚新鲜的指纹，包括杂志和照片上的诸多指纹。

而在史蒂文家附近的拖车下面，布兰特发现了绿色的帆布包，里面有一把沾有血迹的 20 厘米长的厨房或屠宰刀具、沾有血迹的白色 T 恤衫、各种珠宝等。布兰特让同事对其拍照和提取指纹，并带回去化验。

随后，警方对报案者威廉·R. 史蒂文进行询问。经了解，史蒂文与他的太太结婚 3 年了，岳母威尔森太太与他们住在一起 6 个月了。最近一段时间，他一直在外面出差。如今正值圣诞假期，本打算回家与太太一起过圣诞节，却发现太太与岳母双双遇害。

虽然从他的言谈中听不出什么可疑的地方，但敏锐的警探布兰特·科科伦还是认为威廉·R. 史蒂文非常可疑。由于没有什么有力的证据，布兰特不能妄下定论，还需要他们进行深入的调查。

随后，经实验室化验得知，默特尔·威尔森是被罪犯用手闷住口鼻，并用刀刺伤其胸腔而死。虽然刀刺的伤口比较浅，却导致其大量出血。另外，威尔森太太手上还有自卫留下的创伤。而在拖车下发现的刀具，正与威尔森太太身上的伤口相吻合。而桑迪·史蒂文膝盖上的血迹则是来自威尔森太太，有可能凶手在行凶的过程中，将她的血滴在了史蒂文太太的膝盖上。而在其他的物品上也发现了威尔森太太的血迹。

此时，警方找到了犯罪心理画像专家格雷格·麦克拉里，希望能够得到他的帮助，他曾是联邦调查局行为科学部的成员。格雷格在详细了解案情和仔细察看犯罪现场的照片后，提出了与警探布兰特·科科伦同样的看法：从杂乱无章的犯罪现场看，在实施谋杀案的过程中，这些情况是根本不可能存在的。因此，可以看出罪犯是在伪造犯罪现场。其目的是想隐藏自己真实的犯罪动机和具体的犯罪事实。

格雷格通过现场照片还推测出，罪犯不止一人。因为两名被害人是被罪犯用不同的凶器杀害的：默特尔·威尔森是被刀刺死的，而桑迪·史蒂文则是被捆绑后闷死的；在桑迪·史蒂文的房间中本来应该有很多转移的血迹，比如，在床边的色情杂志上，但最终只在她的膝盖上发现了默特尔·威尔森的血迹。另外，虽然犯罪现场经过了伪装，但是扔在拖车下的一些物品却没有处理，上面残留着属于默特尔·威尔森的血迹。

除此之外，格雷格还指出，桑迪·史蒂文头部附近的色情杂志表明罪犯是在惩罚和贬低被害人。同时，这也是性犯罪的动机。

对于犯罪现场，格雷格还进一步分析出，这是一个无组织的性谋杀现场。桑迪·史蒂文是主要的攻击目标，也是性侵犯的对象，而默特尔·威尔森则是一个机会型被害人，在错误的时间出现在错误的地点。在无组织的谋杀案中，罪犯往往认识被害人并知道其所在的位置，因此会发动闪电式的袭击。另外，在无组织的谋杀案中，被害人的尸体往往会被留在犯罪现场，并且很容易被发现，还会在现场找到很多证物。而罪犯所使用的凶器也是在犯罪现场随手获得的。

与此同时，根据实验室提交的最新证据发现，桑迪·史蒂文的一个18岁邻居以及威廉·R.史蒂文的雇员科瑞·米里肯有重大嫌疑。起初，他们矢口否认。但在警方针对性的审讯下，他们交代了让警方震惊的事情——竟然是威廉·R. 史蒂文雇他们俩杀了妻子和岳母。

随后，警方立刻抓捕了威廉·R. 史蒂文。经深入审讯得知，原来威廉·R. 史蒂文早就发现妻子桑迪·史蒂文与其他男人关系暧昧，这让他非常痛恨。于是，恼羞成怒的他雇自己的职员以及邻居杀死妻子，并让他们在杀完人后故意将现场弄得像入室抢劫一样。但当一个人杀害桑迪·史蒂文时，另一个人却在房间中发现了默特尔·威尔森，就随手拿起厨房中 20 厘米长的刀具，刺死了威尔森。

最终，威廉·R. 史蒂文被指控一级谋杀罪，并判处死刑。

\ \ \ 犯罪心理画像专家有话说

犯罪心理学家侦查案件时，他们往往会将罪犯划分为组织型个性者和无组织型个性者两类。

组织型个性者往往是指作案者是有计划、有预谋地实施犯罪，并不是随机出现的。一般来说，幻想是这类罪犯作案的源头，他们会在有多年的幻想经历后才作案，而且作案的对象大多是陌生人。而这些人之所以成为被害人，是因为他们的某些情况正好符合了罪犯幻想出来的模板特征。

无组织个性者在作案时往往没有任何逻辑，他们对被害人的身份和特征没有任何兴趣，大多是即兴作案，所以常常导致罪犯选择错误的目标，比如，被害人在被攻击后会做出激烈的反抗，导致罪犯身上会有伤痕。一般来说，这类罪犯大多比较凶残，他们将被害人杀死后会毁坏尸体。

第四章

妇幼杀人案的犯罪诱因

第一节　"杀人魔女"——贝莉·吉妮丝

在 1908 年，一个"杀人魔女"成了美国媒体关注的焦点，她杀害了自己的两任丈夫和所有的孩子，并且还杀死了几十名追求她的人。她残忍地将他们的尸体肢解，埋藏在家中的院子里。在一个世纪之后，美国研究团队通过 DNA 检测，才解开了"杀人魔女"连环作案的谜团。这个女魔头就是贝莉·吉妮丝。

1859 年，在挪威的一个小村庄中，贝莉·吉妮丝出生了。幼年时期的贝莉身高却比同龄人高出很多，显得非常壮实。在她 22 岁时，身高已经 170 厘米，体重 91 公斤，是一个相当强壮的女性。

不久，贝莉·吉妮丝移民到了美国，并在 1884 年与一个名叫马克斯·马德斯·索仁森的男子结婚。婚后，两个人在芝加哥市区开了一家糖果店，4 个女儿也相继出生，一切看起来似乎很美好。可没过多久，一场大火烧毁了贝莉的糖果店。不过，他们获得了保险公司支付的赔偿金。

在 1898 年，他们的房子再次被大火烧毁，贝莉再次获得了大额的保险金。不久，她的两个孩子因为急性结肠炎而死亡，他们同样都有保险，因此，在其死亡后贝莉获得了死亡保险金。不过，后来经医生检查推断，两个孩子的死因有可能是被人下毒。

1900 年 7 月 30 日，贝莉的丈夫突然死亡，他的死亡日期与其保险单生效日期只差一天。为此，保险公司赔付了 8500 美元给贝莉。但后来，医生检测出他有中毒的特征。可是，由于没有有力的证据，最终只好不了了之。

而贝莉在丈夫死后，在印第安纳州拉波特买了一个农场，日子过得非常潇洒。不久，她在这里认识了第二任丈夫彼得·吉妮丝，并在 1902 年结婚。可在婚后一周，贝莉的继女却突然死亡。不到一年，第二任丈夫也命归西天。由于丈夫生前买有保险，因此，贝莉再次获得了 3000 美元的保险金。

办理完第二任丈夫的丧礼后，没过多久，贝莉就在报纸上刊登征婚广告。不过，她征婚的条件是：与她结婚的人必须先出示自己的所有财产证明，以示其诚心，否则就不会与其结婚。可是，当一些有钱的男子与贝莉相识后，结果都是一个下场：中毒身亡。

1906 年，贝莉农庄上的一位年轻雇员突然失踪了，但贝莉却对外宣称，他老家有事突然离开了。可是，在 1908 年 4 月 28 日，一场大火将贝莉的房屋烧毁后，那名雇员的尸体被挖了出来。不仅如此，在贝莉的农庄中，多具尸体相继被挖出，被害人几乎都是男性。此时，这一系列谋杀案才浮出水面。

与此同时，警方还发现了 1 具无头成人女性的尸体和 3 具小孩子的尸体。起初，警方以为是贝莉与她的 3 个孩子的。因为经调查发现，在大火发生之前，贝莉曾立下遗嘱，而且还购买了煤油。

可是，通过警方进一步调查发现，现场还有更多被肢解的尸体残骸。另外，法医人类学家斯蒂芬·劳罗克在检查尸体之后表示，虽然被害人的年龄与贝莉年龄相仿，分析其骨长与贝莉的身高也比较符合。可是，被害人的身高仅有 160 厘米左右，而贝莉的身高却在 170 厘米左右。

因此，警方怀疑这具无头尸体可能不是贝莉的。但由于尸体没有头部，警方无法通过牙齿记录来鉴别这具尸体到底是谁的。同时，由于当时还没有 DNA 检测技术，因此无法对其进行准确的鉴定。

这个谜团困惑了警方 100 年之久。一个世纪过后，著名的犯罪分析专家在仔细查看勘查现场的照片和报告后认为，这具尸体并不是贝莉·吉妮丝的，事实上是她杀死另外一个女人来冒充自己，以逃脱警方的调查。为了验证自己的分析，获罪分析专家希望鉴定专家能够对这具尸体提取 DNA，然后与贝莉的书信中提取的 DNA 样本进行比对，从而确定这具尸体是否是贝莉的。

警方深入调查发现，有证据显示这场大火是贝莉雇的杂工雷·拉姆菲尔所为。后来，雷·拉姆菲尔在被执行死刑之前也承认了这件事，由于长时间的相处，他喜欢上了女主人，知道女主人所犯下的罪行后，他主动帮助女主人逃脱法律制裁。

后来，经过法医检验尸骨得知，那具无头女尸是一个芝加哥女人的，她是贝莉雇的女管家。因此，犯罪分析专家推测，可能贝莉害怕之前自己所犯的种种罪行会被警方发现，便将女管家烧死，让警方以为她是贝莉，从而掩人耳目，制造自己已经身亡的假象，以此逃脱警方的通缉。

在火灾发生后，贝莉改名换姓，成为伊丝·卡尔森，然后潜逃到了洛杉矶。魔性不改的贝莉在逃亡期间还谋杀了与她相处的一名男子。当警方将其抓捕后，控诉其谋杀，并将其拘留在监狱中。不过，当法院准备对贝莉进行审讯时，她却死在了监狱里。

后来，警方通过提取伊丝·卡尔森的 DNA 发现，她正是"杀人魔女"——贝莉·吉妮丝。

\\\犯罪心理画像专家有话说

有心理学家认为，对于很多女性罪犯来说，她们通常基于与男性罪犯同样的理由而犯罪。比如，报复、贪欲、嫉妒等以及各种各样的精神错乱，操纵他人生死的欲望等。一般来说，她们的犯罪手法具有显著的女性特征。

对于大多数女性来说，由于她们的感情色彩比较浓，情绪稳定性差，看问题不够全面，再加上有依从性等性格特征，导致她们在遇到挫折时很容易走上极端，从而实施某些在正常状态下不可能实施的犯罪行为。

另外，由于男女体力上的差异，很多女性罪犯在犯罪活动中带有明显的性别特点。尤其是在暴力犯罪中，她们经常会选择投毒等手段。

第二节 心狠手辣的"黑寡妇"——南希·黑索

在自然界中，有一种带有剧毒的蜘蛛种群被称为"黑寡妇"，在交配完，雌性蜘蛛会毫不留情地将雄性蜘蛛吃掉，以为自己孕育虫卵积蓄营养。这一生存法则看似残忍，却是出于一种本能。而在人类社会中，也有这样一类群体——谋杀自己丈夫的女性，被人们称为"黑寡妇"。而最具有代表性的就是美国亚拉巴马州的南希·黑索。

1905 年 11 月 4 日，南希·黑索出生在美国亚拉巴马州的蓝山，她的家中有兄妹 5 人，而她排行第二。南希的童年过得相当灰暗，她有个如暴君似的父亲，每天都会让他们兄妹 5 人去地里干活，并且时不时地对其打骂。正因为如此，他们几个人从来没有接受过正规的教育，只是断断续续地读过一些书。

有心理学家曾对南希成长的环境进行分析，幼年时期拥有这样一个如暴君一般的父亲，为她犯罪心理的形成提供了温床。而在众多的连环杀手中，很多都曾因为有着残暴的父亲或母亲而导致心理变态。

在南希 5 岁的时候，她没有像其他孩子一样拥有五彩缤纷的快乐童年和各式各样的玩具，取而代之的是每天都干不完的体力活：除草、劈柴等。他们兄妹 5 人毕竟年幼，偶尔会嬉戏打闹，可是父亲一旦发现，就会对他们大声呵斥和打骂。

而南希的母亲也在父亲的淫威下过得唯唯诺诺，每天都是从早忙到晚，没有半点的空闲时间，过着非人的生活。

让南希生活有所转变的是在她 7 岁那年发生的一场事故，在南希被捕入狱后，她在狱中接受媒体访问时曾称，自己之所以会犯下一系列的罪行都要归咎于她的家庭以及 7 岁时发生的"车祸"。

1912 年，7 岁的南希与家人坐着火车去南亚拉巴马州的乡下看望亲戚。途中，由于火车突然刹车而形成的巨大惯性将南希甩出座位，她的头部重重地磕在了铁制栅栏上。此后，南希时常会有头痛、昏厥、情绪相当低落等症状表现。

由于童年的灰暗和长期的病痛让年幼的南希渐渐学会了幻想，她时常会偷偷地翻看母亲的杂志，读着文中一段段浪漫的爱情故事，她就会幻想自己在不久的将来也会遇到一位白马王子，与其浪漫地度过一生。可是，父亲对他们的管教相当严厉，不仅管束他们的穿着打扮，还禁止他们参加各种舞会和社交活动。因此，为了摆脱这种如牢笼般的生活，南希很早就嫁了出去。

1921 年，年仅 16 岁的南希嫁给了她在麻绳厂一起工作的工友查理·布莱格斯。其实，他们两个人从认识到结婚仅仅 4 个月的时间，但由于南希想要尽快摆脱她那如监狱般的家庭，因此，她毅然决然地嫁给了查理。

可是，组成新家庭后的南希并没有过得很幸福。由于婆婆寡居多年，性格乖戾，经常与南希发生矛盾。而由于南希从小就习惯性忍耐，导致婆婆变本加厉。不仅如此，让南希的生活雪上加霜的是丈夫的出轨。这让南希的性情渐渐开始发生变化，不仅脾气变得越来越暴躁和乖戾，而且纵情于烟酒，整天与一些烟鬼、酒鬼打情骂俏，以彰显自己的魅力。

南希首次犯案是在 1927 年年初，当时，她的两个女儿死于食物中毒。虽然当地的验尸官在检验尸体后证实这是一起意外，但查理却从南希的眼中看到了一丝冷酷和凶残，他想要逃离自己的妻子。于是，在办过女儿的丧礼之后，查理随即带着大女儿梅尔维娜逃离了这个家，并抛弃了南希和嗷嗷待哺的小女儿以及他的母亲。

一年之后，南希的丈夫查理回家了。可是，除了他的大女儿之外，他还带回来一个女人。这让南希怒不可遏，立刻提出了离婚，查理欣然同意。离婚后，南希带着两个女儿回到了娘家。

回家过了一段时间后，南希逐渐从婚姻的阴影中走了出来。为了躲避父亲的苛责，她将女儿交给母亲看管，而她则到蓝山外的一家纺织厂工作。当时的南希仅有 23 岁，因此，她又开始憧憬未来的美好生活。可是，这份憧憬却是相当务实的，因为她不再是年幼而懵懂无知的小姑娘了，她已经是孩子的妈妈，并且离异过。此时的她在翻阅报纸杂志时更多的是关注征婚广告，而不是浪漫的爱情故事。

通过这种途径，南希认识了第二任丈夫——罗伯特·弗兰克·哈雷尔森。他来自佛罗里达州杰克逊维尔市，是一名工厂工人，身材高大健硕、长相英俊。起初，他们经常鸿雁传书，互诉衷肠。在此期间，罗伯特曾为南希写了不少浪漫的情诗。后来，两个人的感情日益增进，过上了一段幸福的生活。

可是，幸福对南希来说总是异常的短暂。当他们的生活回归平淡之后，罗伯特的本性渐渐暴露出来，他不仅是个滥赌鬼，还曾有过暴力犯罪记录。他曾因为喝酒闹事被警方拘捕多次，而且警察经常上门找南希，让她到警局领人。这让南希感到非常羞愧，时常要面对众人对她的指指点点。

南希憧憬的美好生活破灭了，但她再次选择了忍耐。可是，她的忍耐却让自己陷入了更加不堪的境地。渐渐地，罗伯特从酗酒在外闹事转变成醉酒后对南希拳打脚踢，甚至还会波及南希的女儿。让人意想不到的是，这种非人的婚姻生活南希竟然忍受了 16 年之久。

忍耐得越久，爆发得越猛烈。1943 年，南希的大女儿梅尔维娜生下一个小男孩，南希也成了外婆。一年之后，梅尔维娜再次怀孕。在梅尔维娜将要生产时，由于难产，她惶恐地让丈夫将母亲接过来。在她生产的那晚，南希一直坐在女儿床头陪着她，并且为其打气、擦汗。终于，婴儿降生了，全家人都长出一口气。

生产完的梅尔维娜由于打麻醉的原因昏昏沉沉，她好像做了一个"噩梦"：看见母亲南希拿着一根帽针对着婴儿的头部刺去……当她醒来后，丈夫痛苦地称，婴儿不幸去世了。梅尔维娜听闻几乎崩溃，可医生在检查之后却不明白婴儿的死因。后来，梅尔维娜将自己的"噩梦"告诉了丈夫和妹妹。虽然他们对梅尔维娜的话有所怀疑，但也确实看见过南希在孩子出生前后曾在手中把玩过帽针。

虽然这件事不了了之，但导致梅尔维娜和丈夫的关系日趋冷淡，最后他们俩以离婚告终。独自抚养孩子让梅尔维娜身心俱疲，于是她开始与其他人交往，可南希却疯狂地阻挠她，母女俩为此经常吵架。后来，梅尔维娜不知出于何种考虑，竟让母亲南希看管儿子。不久，悲剧再次发生了。

1945 年 7 月 7 日，梅尔维娜的儿子离奇死亡，医生诊断出的死因是"不明原因的窒息"。这让梅尔维娜再次陷入了崩溃和悔恨的深渊。

1945 年 8 月 15 日，日本宣布无条件投降，二战结束。在此后的一两个月中，美国民众举行各种各样的欢庆活动。南希的第二任丈夫罗伯特也日日买酒庆祝。1945 年 9 月 15 日，在一次庆祝活动中，罗伯特又喝得酩酊大醉。当晚，他强暴了南希。

这激起了南希的杀戮之心，她不再继续忍耐下去。第二天晚上，南希将含有砒霜的鼠药放进了罗伯特的威士忌酒瓶中。最终，她的丈夫因为"误服"鼠药而死于非命。

办完丈夫的丧事后，不惑之年的南希决定只身一人去加州旅行，此时的她依然没有放弃向往美好的生活。在北加州的莱克星顿，她通过当地报纸的征婚广告认识了第三任丈夫——阿列·兰宁。见面聊天时，才知对方曾经在亚拉巴马州生活过。因此，两个人的话题也变得多了起来。不久，两个人结婚了。

可是，南希的婚姻生活似乎注定不幸福。阿列的脾气与南希的第二任丈夫罗伯特非常像：性格暴躁、酗酒，而且相当花心。为此，南希经常会离家出走，他们的关系自然也十分冷淡。可是，在外人眼中，南希却是一个贤惠、勤劳、虔诚的人。因为有人问南希为何老是不在家时，她总是耐心地解释自己是去乡下照顾阿列的老母亲了；南希在家时，邻居总会看到她忙碌的身影，清洁院子，种植花草。此外，南希还是一个虔诚的教徒，每个礼拜她都是第一个到达教堂的人。

而阿列在小镇上的名声本来就不好，这让大家都认为阿列太不珍惜南希了。1950 年 2 月，当阿列由于"心脏衰竭"突然离世后，附近的居民都出席了他的葬礼，以从精神上鼓励南希，而不是来吊唁阿列。

这正印证了很多犯罪学家分析女性犯罪时强调的欺骗性。有犯罪学家认为，对于很多女性罪犯来说，由于她们天性柔弱，在他人和社会中，这类人总是受保护的对象。因此，很多人对女性的戒备心理都会比较低，从而导致女性罪犯的犯罪行为具有很强的欺骗性。因此，她们每次犯罪很容易就能逃脱法网。

阿列·兰宁去世后，他的财产归其妹妹所有。可在他死后没多久，一场大火将房子烧得干干净净。不仅南希"幸运"地躲过了火灾，家中贵重的财产——电视机也"幸运"地避开一劫。南希解释，由于电视出了故障，她开车去修理电视，才躲过这场灾难。

由于房产被毁，保险公司将房屋赔偿金交给了南希。神情黯淡的南希接过支票后，就去了银行将其兑现，而后在加州消失了。值得一提的是，在南希离开之前，阿列的母亲和妹妹都在睡梦中猝然离世。

随后，南希去了堪萨斯州。凭借房屋保险金，她过上了一段衣食无忧的生活，并在那里加入了一个名为"钻石社交"的俱乐部，即为单身人士提供婚介服务的地方。正是在那里，南希遇到了自己的第四任丈夫——理查德·莫顿。

1952 年 10 月，南希与理查德结婚了。蜜月期，他们过得相当甜蜜幸福。理查德不时地给南希制造惊喜：买礼物、衣服等。南希似乎找到了理想中的幸福生活。可是，幸福往往很短暂。

结婚第二年，理查德向南希交代了实情：自己不仅破产了，还欠了很多外债。南希虽然感到很失望，但她原谅了丈夫，并拿出自己的钱帮其渡过难关。可没过多久，理查德的行踪变得非常诡异，经常早出晚归。南希感到很可疑，调查之后才发现，丈夫居然在外面有情人。

这让南希愤怒不已，开始酝酿丈夫"意外"死亡的计划。可是，在此期间，南希收到家中的电报：南希的父亲去世了；孤独的母亲想来她这里住上一段时间。听闻第一则消息，南希无动于衷；而第二个消息让南希有些措手不及，因为母亲的到来会打乱她的计划。

南希的母亲在堪萨斯州没住多久，就发生了一件让人难以置信的事情：她的母亲因为食物中毒而死亡。警方介入调查这件事。虽然他们怀疑与南希有关系，但没有充分的证据，而南希也一直否认这事与自己有关。3 个月后，南希的丈夫理查德同样也因食物中毒而死亡。

此时，"黑寡妇"南希似乎对杀人已经驾轻就熟，她不停地改变自己的作案地点。随后，她又到了俄克拉荷马州，去找一位她之前认识的笔友情人——塞缪尔·德士。虽然塞缪尔相貌英俊，并且不抽烟、不喝酒，但南希并不打算与其共度美好生活，现如今的她是为了牟取钱财而结婚。

1953 年 6 月，在南希第四任丈夫去世两个月后，她又与塞缪尔·德士步入了婚姻殿堂。在结婚的 3 个月后，塞缪尔身体逐渐变得不适，不到一周，他就已经瘦了 15 斤。经医生诊断得知，他的胃部发生了感染，需要留院观察。1953 年 10 月 5 日，在塞缪尔出院后，南希"特意"为他调制了一杯咖啡以及一份烤肉。他吃完这份"美食"后，就撒手人寰了。

塞缪尔的突然离世引起了其主治医生的怀疑，并对他进行了尸检。结果，在塞缪尔的体内发现了大量的残留砒霜。随即，警方将南希逮捕。

虽然南希杀害了很多人，但一直没有与警方打过实质性的交道。由于这次证据确凿，再加上警方的严格审讯，她很快向警方交代了自己的犯罪事实，还坦白了以往的犯罪史。

1955 年 5 月 17 日，由于南希对自己的罪行供认不讳，法院最终判其终身监禁。1965 年，60 岁的南希由于患有白血病在俄克拉荷马州州立监狱的监护病房死去。

\ \ \ 犯罪心理画像专家有话说

心理画像专家分析，开放、文明的社会为满足女性的正当权益提供了很大的可能和空间，面对众多的机会和诱惑，处于这种环境下的女性就会出现道德观念和社会适应等方面的冲突，从而导致有些女性自然而然地成为犯罪者。一般来说，女性犯罪的心理特征主要有两点：

一是法律知识匮乏和个人享乐观。对于大多数的女性罪犯来说，她们不懂得基本的法律常识，更无法理解法律的权威性和严肃性。她们对事物的评价标准仅仅以自己的低级需求和直接经验为准，所以，这致使她们很容易被一些小恩小惠所诱惑。另外，她们的生活核心是追求个人享乐，对社会的是非、善恶不能完全辨别，从而导致她们真伪、善恶倒错，甚至会以耻为荣。当女性罪犯以个人享乐为人生目标时，她们就会将金钱视为唯一，为了获取更多的金钱而不择手段。在个人利欲恶习膨胀而又得不到遏制的情况下，她们就会实施各种各样的犯罪行为。

二是情绪极不稳定。很多女性受到传统文化与生理特点的影响，导致她们的情感非常细腻、丰富，如果缺乏道德意识和正确的人生观，她们的情绪就会出现很大的波动，而且变化无常，有时候理智往往控制不住情感，所以她们会因为一点小利或是为了报答男性对她们的帮助，而被唆使去犯罪。另外，由于女性罪犯的感情比较专一，一旦感情受挫，她们的性格就会发生质变，再遇到外界适当的刺激，就会导致她们去犯罪。

第三节　狡猾的"蛇蝎美人"——桑德拉·布莱威尔

达拉斯被美国居民认为是国内居住环境最为舒适的城市之一，因此，很多人都会选择到这里生活。36 岁的桑德拉·布莱威尔也不例外，她带着 3 个孩子住在这个城市。虽然已经 30 多岁，但桑德拉却相当有魅力，长得非常漂亮，时常对人展露笑容。

1984 年，36 岁的桑德拉·布莱威尔与来自俄克拉荷马州的 29 岁小伙子艾伦·雷里格一见钟情。艾伦身材高大、健硕，长相也很英俊。由于工作原因，他来到达拉斯。当他与朋友在达拉斯看房的时候，认识了貌美的桑德拉。不久，他们便开始约会了。

可是，这个女人很不一般，虽然是个寡妇，还带着 3 个孩子，却住在达拉斯最好的街区。在外人看来，她似乎是一个身世显赫的富婆。艾伦认识她以后，也感觉如此。桑德拉虽然富有，却非常平易近人，因此，艾伦更加沉迷于她的魅力之中，两人频繁约会。不久，桑德拉还将艾伦与他的朋友带到高端的舞会场所中。

相处一段时间后，桑德拉与艾伦变得如胶似漆，而且艾伦与她的 3 个孩子也越发亲近。有一天，桑德拉突然告诉艾伦，自己怀孕了，并且怀的是双胞胎。听到这一消息，艾伦非常开心，激动得满眼含泪。因为艾伦素来喜欢孩子，也想建立一个属于自己的家庭。很快，他与桑德拉就结婚了。

可在结婚几周后，当艾伦在忙着工作时，却接到了桑德拉打来的电话，她向艾伦哭诉称，孩子流产了，自己正在医院中。艾伦听后想要立刻赶往医院，可桑德拉却称自己已经坐在回家的车上了。孩子意外流产让艾伦相当悲痛，因为他是那么喜欢孩子。

事后，桑德拉建议艾伦买一份保险，还向艾伦的母亲咨询这件事。艾伦的母亲非常赞同，因为儿子是有家室的人，而且背负着家庭的重担。随后，艾伦买了一份 22 万美元的保险。

结婚不久，艾伦就感觉家庭的重担压得他喘不过气来，因为桑德拉花钱的速度远远超过他挣钱的速度。渐渐地，家里开始入不敷出。此时，艾伦不禁对妻子起了疑心，她根本不是什么富婆。另外，妻子还对他隐瞒了年龄。这让艾伦感到，妻子似乎有很多事都在瞒着他。

于是，艾伦搬到了朋友菲尔家去住。一个月之后，桑德拉给艾伦打电话，声称要与他见面，并且去他的储藏室取一些东西。艾伦很期待，毕竟与妻子已经一个月没见了。

1985 年 12 月 7 日下午，艾伦开着车前往与妻子约定的地方。在此期间，他还在路上遇到了朋友菲尔。但在两个小时之后，菲尔却接到桑德拉的电话，问他艾伦为什么还没有来。这让菲尔感到意外，明明在两个小时之前他还遇到艾伦开车出去，难道是和别的朋友有约耽误了时间？但他认为艾伦并不是那样的人。

随后，菲尔给艾伦的亲朋好友打电话，询问他们有没有见过他。结果是他们都没有艾伦的消息。两天过去了，仍然没有艾伦的任何消息。艾伦的母亲打电话到艾伦的公司，得知他并没有去上班。于是，她立刻打电话报了警。

此时的桑德拉却不担心丈夫的下落，而是担心自己的安危。她对警方称，艾伦有毒瘾，她非常害怕艾伦回来伤害自己。为此，她请了私家侦探比尔保护自己的安全。

桑德拉曾对比尔称，艾伦曾经试图害过她。在一次滑雪时，艾伦为了不让她划得太快，还故意撞倒她，并坐在一边看她笑话。随后，比尔帮桑德拉的住所换了新锁，并密切关注她家周围的情况。

在艾伦失踪4天后，有人在俄克拉荷马州发现了他的尸体，而他的尸体躺在他的汽车中。警方闻讯立刻赶到案发现场，发现艾伦头部中了一枪，胸口中了一枪，车上有大量血迹。经检验得知，这些血迹都是来自艾伦的。艾伦的母亲听闻警方找到儿子的尸体后，她无法相信这一事实。

当警方介入调查这起凶杀案时，他们接到了很多匿名电话，声称要注意那个狡猾的"蛇蝎美人"桑德拉以及她的谎言。此时，警方也对桑德拉有所怀疑。

与此同时，有媒体报道称，桑德拉非常善于说谎。曾有记者报道，早在8年前，桑德拉就做了子宫切除手术。她声称自己怀有双胞胎根本就是一个谎言，她是借此机会与艾伦结婚。

当警方与桑德拉接触时，发现她确实是一个谎话连篇的人。她一再地诋毁艾伦的人格，声称他有毒瘾和赌瘾，还称艾伦试图杀害她。可是警方通过尸检报告和调查后发现，这一切都是谎言。因此，他们对桑德拉的疑心越来越大。

在办完丈夫的葬礼后，桑德拉立刻请了一位律师，这导致警方很难与桑德拉直接对话。但警方并没有放弃，依然对其展开深入调查。与此同时，桑德拉的私家侦探比尔也对她起了疑心。因为警方曾与比尔联系过，当他得知桑德拉在说谎时，他请来测谎专家对她进行测试，声称这是惯例。

结果，她并没有通过测试。虽然这种测谎测试的结果是不确定的，但对于侦探比尔来说，他已经看出了桑德拉了解这起凶杀案的内情。因此，比尔解除了他与桑德拉的雇佣关系。同时，他将自己掌握的信息告诉了警方。

此时，犯罪心理专家分析了桑德拉的潜在作案动机——艾伦的22万美元人身保险。如果桑德拉与艾伦离婚的话，这笔保险金并不能归桑德拉所有，而只有艾伦死亡，这笔保险金才能合法地属于桑德拉。

这让案情顿时变得明朗化，可是，桑德拉有强有力的不在场证据。她声称自己当天在约定的地点等了两个小时之后就离开了，随后她一直与朋友待在一起。

另外，犯罪心理专家还认为，艾伦是在达拉斯遇害的，然后被运到了俄克拉荷马州。因为尸检报告表明，尸体首先被放置在某个高温的地方，随后又被转移到温度比较低的地方。在艾伦失踪当天，达拉斯相当暖和，而艾伦的尸体在俄克拉荷马州被发现时，那里非常寒冷。

艾伦的尸体曾被拖到汽车的中间位置，这可能是罪犯需要坐到驾驶座开车。而从调整后的驾驶座椅来看，犯罪心理专家推测，罪犯的个头要比艾伦矮一些。

桑德拉虽然有不在场的证明，但犯罪心理专家却认为，由于她与艾伦见面的地方比较隐秘，而且又是在晚上。她完全可以将艾伦的尸体藏在储藏室中，然后再将其运走。这样就可以为自己制造不在场的证明，从而打消警方对自己的怀疑。

可是，警方却找不到实质性的证据。与此同时，桑德拉与律师一直都不愿接受访问，她声称自己并不是凶手，而是恶毒谣言和无根据推测的受害者。

随后，桑德拉获得了艾伦的人身保险金。不久，她带着孩子们离开了达拉斯。可是，关于她的过去和不为人知的一面也被翻了出来。人们不得不怀疑这个"蛇蝎美人"的狡猾和狠毒。

1967 年，24 岁的桑德拉嫁给年轻帅气的牙医戴维。结婚几年后，他们拥有一座漂亮的大房子，3 个孩子也相继出生。可是，他们的债务却越来越多。戴维被这些债务压得喘不过气来了，时常感到非常沮丧和压抑，并四处借钱维持生活。不久，厄运来临了。

1976年2月22日早晨，桑德拉报警称，丈夫脑袋中枪，手腕被割开。当时，警方认为戴维是由于压力过大而自杀。因此，桑德拉获得了10万美元的保险赔偿。

桑德拉用这些保险金还清了债务，重新开始自己的生活。不久，她就让朋友帮她介绍有钱的男人。在此期间，她竟然打起朋友丈夫的主意。去找朋友的时候，她故意穿得很暴露，以诱惑朋友的丈夫。朋友知道后，渐渐疏远了她。

随后，桑德拉又将视线转向其他有钱的男人身上。很快，她的愿望就达成了。1978年，她嫁给了一个石油大亨的儿子鲍比·布莱威尔。不久，她就在达拉斯的高档社区买了一栋漂亮的房子，经常出入高级名流场所。可是，一场灾难再次降临：鲍比被诊断患有淋巴瘤，不到一年他就去世了。

而在鲍比与癌症作斗争的时候，桑德拉找到了鲍比的主治医生约翰·巴格韦尔与他的妻子碧西，希望他们能够帮助她。巴格韦尔一家很热心，时常帮助桑德拉。

而在鲍比去世后，桑德拉依然无休止地麻烦巴格韦尔一家。她经常打电话找碧西帮她买东西，让约翰帮她修理车子，可是，当约翰到了后，车子又无端好了。因此，约翰对妻子碧西说，他们应该远离桑德拉，她已经扰乱他们的生活了。当他们正打算远离桑德拉时，一场悲剧上演了。

1982年7月16日，桑德拉打电话给碧西，声称车子坏了，让她帮忙与自己一起去租车。但当碧西到了之后，车子又可以发动了，于是，她们就此分开了。可是，碧西却没有回家，丈夫非常担心，便报了警。

直到晚上8点，在她们租车处附近的停车场中，警方发现了碧西的车子以及她的尸体。碧西被人抛下了驾驶座，手中拿着一把点22口径的手枪，右边太阳穴处中弹。

当警方讯问桑德拉时，她却声称自己忘了带驾驶证无法租车，所以才找的碧西。后来车子没问题了，她们就分开了，自己则与朋友一起吃饭、看电影。

虽然警方将碧西的死认定为自杀，但很多细节却不支持这个判断。犯罪心理专家认为，如果碧西真要自杀的话，必然会留下遗言，可是她并没有。另外，碧西在离开家时还为孩子们准备好晚餐，并告诉他们，自己很快就会回家。因此，这种种细节都表明碧西并不是自杀，而是他杀。

一位私家侦探也证实了犯罪分析专家的看法。她追踪碧西的案子已经很长时间了，发现碧西没有抑郁症，而且对生活充满期望，非常爱自己的孩子。

另外，她还请血迹专家鉴定了案发现场的血迹。血迹专家认为，从现场的血迹上来看，车内并不是只有碧西一个人，有可能是两个人。而且碧西的尸体被移动过，她手臂上有一些血迹，但自己扣动扳机血液是无法溅到那里的。因此，私家侦探认为，是凶手布置了犯罪现场，并将手枪放在碧西的手中。

鉴定专家在鉴定碧西手中的火药粉末后推测，自杀时这些火药粉末不会残留在手中，有可能是碧西在与凶手争夺手枪的过程中留下来的。

除此之外，私家侦探还分析出桑德拉杀害碧西的动机：她从最开始接触巴格韦尔一家，就有很强的目的性。她试图与约翰在一起，但没有成功，因此她认为只有将碧西杀掉，自己才能名正言顺地追求约翰。

虽然有了这些推测和分析，但依然没有足够的证据起诉桑德拉。不久，在达拉斯关于桑德拉的传闻也甚嚣尘上，她的各种事情都被登载在各家报刊上。很多媒体记者都在研究和解读她，想要知道她到底是一个怎样的人。

后来，有媒体发现，离开达拉斯的桑德拉一如既往地结识有钱人，并且会说服他们借给她大额的钱财，但她从来都不会偿还。因此，她受到了诸多指控，可她总有办法摆脱掉。她过着游牧般的生活，辗转在美国各个城市中。

不过，戏剧性的是，在 2007 年，警方将桑德拉逮捕时，并不是由于谋杀罪，而是因信用卡诈骗罪锒铛入狱。

在桑德拉 63 岁时，她知道自己不能再依靠美色诱骗男人维持生活时，就改变了自己的身份，变成了一位传教士，并改名为卡米尔。随后，她在北卡罗莱纳州的一个小村庄结识了很多信奉基督教的教徒们。她声称自己是名传教士，经常到世界各地传教。同时，她对那里的人非常热情和友好，尤其是 77 岁的苏·摩斯利，她经常给苏讲《圣经》故事。苏·摩斯利一家都是虔诚的基督徒，与桑德拉接触后，都非常开心。

桑德拉还欺骗他们说，自己不久就要去印度传教，因此要找一个临时住所。好心的苏·摩斯利由于一个人独住，就邀请桑德拉一起居住。不久，苏·摩斯利便对伪装成卡米尔的桑德拉十分信任了。

2007 年年初，桑德拉告诉苏·摩斯利，自己要将整个传教团接到家中，因此她要买一套房子。当苏·摩斯利陪她看房时，她只对价值上百万的房子感兴趣。后来，她看中一套非常漂亮的房子。当房产经纪让她支付一定的保证金时，她却迟迟未交。

当苏·摩斯利的儿子知道这件事后，对她有所怀疑，便上网搜索她的信息。他看到网上有关桑德拉的种种报道，照片上的人正是现在的卡米尔。于是，他立刻报了警。可是，当警方寻找桑德拉时，她却在几天前已经离开了苏·摩斯利的家，并告诉苏·摩斯利她要去印度传教。

随后，当地警方对桑德拉进行调查。经调查发现，她根本没有去印度，而是在一位教友家中。在此期间，她曾多次在银行使用苏·摩斯利的信用卡。不仅如此，她还想骗取苏·摩斯利的房产。

得到这些可靠的证据后，警方对桑德拉进行抓捕。最终，法院以信用卡诈骗罪判处其两年监禁。

\ \ \ 犯罪心理画像专家有话说

犯罪心理学家表示，对于连环杀手来说，他们操纵被害人的生死往往能满足其变态的控制心理。而对于女性连环杀手来说，她们的犯罪过程和犯罪手法大都带有强烈的女性扭曲特征。比如，有些女性杀害被害人是受嫉妒心驱使，或是因为丈夫的背叛而杀死丈夫。

而有些女性连环杀手则是为了协助自己的男性伴侣而帮助其物色、折磨或是谋杀其他女性。这种女性罪犯往往是顺从型被害人，如果发现自己喜欢看男性罪犯折磨其他无助的女性，她们就会在谋杀中起到积极的作用，此时，她们就会转变成冷酷而热衷施虐的攻击者。

第四节　最小的变态"杀人魔"——玛丽·贝尔

1968 年 5 月，在一间废弃的空房中，一群孩子发现 4 岁的小男孩马丁·布朗直挺挺地躺在地板上。本来，大家以为他是在玩"装死"的游戏。可走近一看，从他的嘴里不断地流出血液，孩子们顿时吓得"哇哇"乱叫。随后，闻讯而来的大人们立刻报了警。

当警方介入调查时发现，一个 11 岁的女孩玛丽·贝尔似乎与此案有重大的嫌疑。起初，警方不敢相信这起幼童凶杀案会与一个十来岁的小女孩有关。可是，玛丽·贝尔的种种怪异言行却让警方难以置信。

在小男孩马丁·布朗遇害当天，当很多孩子都逃离案发现场时，玛丽·贝尔却带着朋友诺尔玛·贝尔来到现场，并声称要让诺尔玛看看马丁的尸体。然后，她带着诺尔玛向小马丁的阿姨报告他的死讯，并向她描述马丁的死状。不仅如此，她还不断地用言语来刺激马丁的阿姨。比如，"马丁死了你感到难过吗""你有没有为马丁流过泪"等。

问完这些话后，她们两个还对着马丁的阿姨笑个不停。马丁的阿姨很生气，将她们两个赶走了，以为她们只是故意搞恶作剧。

玛丽对小马丁的母亲也是如此。在马丁遇害几天后，她敲响了马丁家的门，微笑着问马丁的母亲马丁在不在，她想要找马丁。马丁的母亲非常悲伤地告诉她，马丁去世了。没想到，玛丽听后，坏笑着说："我知道他已经死了，我只是来看看躺在棺材中的马丁。"马丁的母亲非常愤怒，立刻将她赶了出去。

在小马丁遇害后没多久，玛丽·贝尔为了庆祝自己 11 岁的生日，潜入并破坏了一家托儿所，并与诺尔玛·贝尔在那里留下了匿名纸条，声称是她们杀死了马丁·布朗。不仅如此，在玛丽的画图课上，她还在作业本上画了一个小男孩躺倒的姿势，其姿势与小马丁遇害的姿势一模一样。另外，她还在小男孩附近画了一个药瓶，上面写着"药片"二字。同时，图画上的作文还写了与马丁遇害类似的事情。可老师并没有在意，以为是玛丽取材于马丁·布朗的死讯报道。

即使警方对玛丽·贝尔有所怀疑，但由于没有可靠的证据，再加上她只是一个年幼的孩子，虽然言行怪异，但警方也没有将她与凶杀案联系在一起。可没过多久，又一起幼童凶杀案发生了，这让警方不得不对玛丽·贝尔格外注意。

1968 年 7 月 31 日，在马丁·布朗遇害的两个月后，一个名叫拜恩·豪的 3 岁小男孩失踪了。14 岁的姐姐帕特在家门口寻找拜恩时，遇到了玛丽和诺尔玛。当她们听闻帕特在找弟弟时，就热心地声称要帮她一起寻找。

当她们将帕特带到一块废弃地带时，帕特不由得心惊起来，因为前段时间发生的幼童凶杀案就在这附近。非常害怕的她不敢再往前走，虽然玛丽声称，拜恩有可能就在那附近，但帕特还是跑回家了。

随后，拜恩的家人报了案。当天夜里 11 点，警方在玛丽曾经带帕特去过的地方发现了拜恩的尸体。他的嘴唇呈现青色，脖颈处有明显的伤痕，表明他是被人勒死的。另外，他的身上还有很多割痕，其小腹上被刀片刻了一个字母"M"。在尸体的附近，还有一把坏掉的剪刀。经勘查发现，孩子头上的一小撮头发就是用这把剪刀剪断的。

法医经过进一步鉴定发现，拜恩小腹上的字母"M"是在他死后刻上去的。从伤口的伤痕来看，凶手最初似乎想刻一个"N"，可后来又将其改成了"M"。

随后，警方开始深入调查拜恩遇害的案件，詹姆森·多布森是这起案件的负责人。当他们对当地1000个孩子进行调查时，并没有获得有用的线索，只有两个孩子声称诺尔玛看起来很奇怪。当詹姆森与其接触时，发现诺尔玛一直微笑，并没有向警方提供可用的信息。

紧接着，詹姆森又带人去玛丽·贝尔家调查。可当詹姆森刚走进她家的房间时，就感到非常压抑和沉闷。房间内的环境死寂而阴暗，让人感觉相当怪异，没有任何声音，只有寥寥无几而且破旧不堪的家具。虽然外面阳光明媚，可是房间里却似乎是另外一个世界，让人喘不过气来。

当詹姆斯与玛丽接触时，发现她在躲避和欺骗自己。她声称自己在拜恩遇害当天有其他事情，可她编造的内容却不能自圆其说，中间出现很多漏洞。这让詹姆斯对眼前的女孩感到很诧异，幼小的年纪却被谎言包围着。

而在拜恩葬礼的当天，詹姆森发现玛丽站在他家门口，一边大笑，一边搓着双手。这让詹姆森感到毛骨悚然，认为自己似乎需要对她采取行动了，否则她肯定会杀害更多的幼童。

而让人诧异的是，在小拜恩遇害前，玛丽曾上门找过他的家人，声称要告诉他们一个大秘密——诺尔玛要杀死拜恩。同时，她还向拜恩的家人演示诺尔玛打算如何杀死拜恩：她抓住自己的喉咙，吐出舌头，装作窒息身亡的样子。不久，拜恩真的被人勒死了。

不久，诺尔玛向警方告发：玛丽曾告诉她是如何杀死拜恩的，还带她去看拜恩的尸体。事后，玛丽还让她保守秘密，不许告诉任何人。于是，警方立刻抓捕了玛丽。当警方给玛丽戴上手铐时，她起初有点惊慌失措，但很快就恢复了镇定，她否认自己杀死了拜恩。

于是，警方故意套玛丽的口风，对她说曾有人看见她出现在拜恩遇害的案发现场。玛丽立刻称，那个人需要很好的视力才行。警察听出这个破绽立刻追问，为什么非要有好的视力呢？玛丽立刻意识到自己说漏了嘴，她对着警察眨了眨眼说，因为只有视力非常好，才能看清当时不在场的人。警方不禁对眼前这个十来岁女孩的狡猾和聪明感到惊讶，她知道什么该说，什么不该说。

玛丽声称，当天，她与诺尔玛、拜恩在废弃空房子附近玩耍。后来不知怎么回事儿，诺尔玛与拜恩打了起来。诺尔玛失控般地掐住拜恩的脖子，还扯着他的头发往墙上撞。她试图去劝阻诺尔玛，可诺尔玛却对她大吼大叫。随后，拜恩的脸逐渐发青、发黑。

事后，诺尔玛还威胁她，不许将这件事说出去，否则她也会落得拜恩的下场。而且诺尔玛还对她说，这是她第一次杀人，但不会是最后一次。后来，她与诺尔玛帮忙找拜恩时，她想要帕特找到弟弟的尸体，但诺尔玛却坚持说拜恩不在那个地方。在拜恩的尸体被发现后，诺尔玛还问她愿不愿意与她一起逃跑。

警方从玛丽的口供中看出，她所说的一部分是真实的，但一部分是她编造出来嫁祸给诺尔玛的。最后，玛丽·贝尔与诺尔玛·贝尔都以谋杀罪被起诉。

在她们被羁押期间，精神医生对玛丽的行为进行鉴定发现，她根本无法理解此次指控对她所造成的严重后果。她考虑的问题是母亲可能交纳不出罚金，还相信拜恩死去也没有人会想念他，因为他没有父母。

审判的过程中，著名的儿童心理专家奥顿也对玛丽·贝尔的行为和心理做出了分析，虽然他研究过很多精神和心理不正常的孩子，但从来没有见过像玛丽·贝尔这样聪明、控制欲强烈且相当危险的人。她是个聪明、冷酷、复杂的孩子，在审讯中，她如同一个久经法庭的老手，冷静、早熟的行为让陪审团对她产生不了丝毫的怜悯之心。

在他人看来，玛丽有可能患有精神错乱症，因为她做事冲动并且不考虑后果。在任何情况下，她都不会表现出懊悔、焦虑以及流泪。她对案件漠不关心，她的愤怒仅仅是因为她被拘留。从拜恩被杀的迹象来看，玛丽似乎没有得到满足，她的暴力倾向依然存在。如果她没有被抓住的话，长大后会变得更加残忍，有可能成为让人闻风丧胆的罪犯。

而诺尔玛却与她不同，她在审讯中的种种反应和表现都符合一个年幼孩子的身份：惊慌失措、号啕大哭，并流下了悔恨的泪水，从而博得人们的同情。

最终，法院认为诺尔玛是个受害者，是一个头脑简单的人，而玛丽才是个不正常的孩子，是个有攻击性、残忍、没有同情心的人。同时，在一定程度上她有着不寻常的智力，而其狡诈程度几乎令人畏惧。

另外，法医报告显示，谋杀拜恩和马丁的是同一个人，因为在他们身上都发现了同一种衣服纤维，而玛丽·贝尔的衣服纤维与被害人身上的纤维完全吻合。

有鉴于此，法院宣告诺尔玛·贝尔无罪，而认定玛丽·贝尔有罪，并判其终身监禁。

这一事件轰动了整个英国，英国媒体对玛丽·贝尔进行大肆报道。渐渐地，人们也了解了有关玛丽的种种遭遇：

当玛丽·贝尔刚刚出生时，迎接她的第一句话就是："快将这东西从我身边拿走！"当时，她的母亲贝蒂只有17岁，尚未结婚，玛丽成了她的负担。后来，贝蒂总是对玛丽施加种种虐待。

在玛丽1岁时，曾因为吞下大量的药片而被送到医院。起初，家人以为是她贪吃，将药片当成糖果吃下。可是，医生告知她的家人，这种药片是相当苦的，如若孩子当成糖果吃，吃下第一片就会吐出。另外，玛丽的家人也意识到，这些药片放在她根本无法触及的地方。因此，这并非是一个意外事件。

在玛丽3岁时，与玛丽一起玩耍的小孩子曾看到贝蒂给玛丽喂一些粉末，并称那是糖果。最后，玛丽因为吞下大量的粉末而被送到医院。

后来，玛丽的家人才知道，再也不能让玛丽与母亲贝蒂待在一起。此时，贝蒂也被查出患有"幻想性冒险故事作者综合征"，这种病症会让患者的心理发生紊乱，促使患者有意地将他人置于危险之中，从而让自己变得兴奋。这种病症可能是导致她残害女儿的主要原因。

玛丽曾被贝蒂多次送给亲戚或收养者，但都没有成功，因此玛丽很小就养成了孤僻、冷酷的性格。每次母亲打她时，她都不会掉下眼泪。在她 5 岁时，曾目睹自己的一个小伙伴被车撞死的情景，这对她的心理造成很大的影响。从而，她的行为变得有些分裂：在幼儿园曾掐住其他孩子的喉咙；曾用玩具打断她叔叔的鼻子。

而在母亲持续的精神和情感折磨下，玛丽还患上了慢性尿床症。因此，玛丽对睡觉产生畏惧感，她害怕自己会将床弄脏。因为她每次尿床时，母亲贝蒂就会羞辱她，将尿液涂在她脸上，并将尿湿的床单拿给邻居们看，甚至将玛丽的头按到尿壶中。

对此，有心理学家分析，母亲对她的种种虐待行为，导致她在长大后变得善于操纵别人，并且想方设法侮辱他人。

在玛丽被拘留时，有个好心的门卫担心年幼的她可能会感到孤单，因此给她找了一只小猫陪伴她。谁知，她却狠狠地掐住猫的脖子以发泄自己的不满。对此，有心理学家认为，玛丽的身上似乎有一种来自天性的残忍，总是欺负和虐待那些比她小的孩子或动物，因为他们无力反抗，让她产生变本加厉的行为。

起初，玛丽·贝尔被关进了教养院。1972 年，在她 16 岁时，被转送到一座成人监狱。1977 年，玛丽从监狱中出逃时与一个男人相识、相爱。不过，没过多久，玛丽就被抓了回去，可那个男人却将他与玛丽的故事卖给了报纸。渐渐地，玛丽在狱中发生了改变，似乎"道德被突然唤醒"，她俨然变成了另外一个人。1980 年 5 月 14 日，23 岁的玛丽出狱了。不久，她怀孕了，法庭允许了她想做母亲的要求。在 1984 年，玛丽将孩子生下。

1992 年，玛丽似乎成了他人眼中的慈爱母亲。可是，由于她的转变速度太快，很多人还是不敢相信：一个儿童杀手会迅速转变成一个慈爱的母亲。虽然她在外人面前表现出她的痛苦和愧疚，但依然有人对她的言行有所怀疑。

1998 年，玛丽·贝尔出版了她的自传《听不见的哭声》。这引起了英国民众的不满和批评，认为犯下这种罪恶的人竟然通过贩卖自己的故事敛财。甚至英国首相布莱尔也公开指责玛丽的无耻。虽然她得到一大笔稿费，但这让她的女儿知道自己的母亲竟是一个声名狼藉的杀人犯。但最终，女儿原谅了玛丽·贝尔。

\ \ \ 犯罪心理画像专家有话说

有心理学家认为，对于很多少年儿童罪犯来说，他们大部分是在虐待中长大，并且没有及时发泄自己的情绪，因此，他们会通过剥夺他人身上自己所不曾拥有的东西获得心理补偿。比如，偷盗或是暴力破坏。

大部分儿童杀手在幼年时期都会因遭受某种形式的创伤和压力而导致心理紊乱和行为失控，外界无法通过惩罚来对他们进行纠正。但这并不能成为他们犯罪的借口。

对于一些儿童杀手来说，他们之所以会犯下罪行，是由于没有对他们进行成功保护的机制，是保护不力之下恶性循环的结果。暴力只会产生更多的暴力，那些犯下罪行的年幼孩子并非天生就是罪犯。而上文中的玛丽·贝尔正是如此。

第五节　变态少年"酒鬼蔷薇圣斗"——东真一郎

1997 年，日本兵库县神户市须磨区发生了连续杀人事件。当时，被害人有 5 人，他们都是小学生。这起事件有 2 人死亡，3 人受重伤。罪犯的行为相当变态、残忍，他不仅对尸体进行破坏，还对其肢解。当警方将这名罪犯逮捕后才知道，他竟然是个 14 岁的少年。而他在犯下一系列案件后还给自己起了名号，叫"酒鬼蔷薇圣斗"，这名变态少年就是东真一郎。这起案件冲击了整个日本，为此，日本还修正了有关少年犯罪案件的法令。

1997 年 2 月 10 日下午四点半左右，在日本神户市的街道上，两名小学生结伴往家里走去。她们是两个天真烂漫的小女孩，一边走一边分享着今天在学校的趣闻。正当她们欢快地往前走时，其中一个小女孩突然被人从后面攻击。

只见那个少年手中挥着锤子，拼命地朝那个手无缚鸡之力的小女孩砸去。另外一个小女孩吓得顿时瘫倒在地，并害怕得"哇哇"大叫。起初，那名少年还想再袭击那个叫喊的小女孩。此时，他看到远处有人向这边走来，立刻逃窜得无影无踪。

随后，被攻击的小女孩被送到了医院。而另一名小女孩惊魂未定地向父亲哭着讲述了刚刚发生的一幕：她看到那个少年穿着西装外套，手里还拎着学生使用的书包。女孩的父亲听后非常气愤，为了不再让孩子遭遇危险，他到孩子经过的附近中学要求提供学生照片，以让女儿指认行凶者。

可是，那所学校却通过警方拒绝了这项要求。女孩的父亲没有放弃，他继续向警方提供被害报告，再次要求校方提供学生的照片以供指认。结果，还是无法获得许可。一个月后，灾难性的事件再次发生了。

3月16日中午12点25分，一个名叫山下彩花的小学生在学校的一个角落遇到了一名少年。当时，她正准备回家吃中午饭。那个少年看到后叫住了她，询问她卫生间的位置。虽然山下彩花已经告诉了他具体的位置，但那个少年却依然佯装不知，要求小女孩带他过去。

于是，好心的山下彩花就带着那个少年到了学校的卫生间。到达目的地后，她转身准备离开时，那个少年对她说，把脸转过来吧，我要谢谢你。随即，他用铁锤猛烈攻击小女孩。然后，他像魅影般逃之夭夭。随后，有学生发现了受伤的山下彩花，立刻喊来老师。

山下彩花被送进了医院。虽然在医院治疗了一段时间，可由于行凶者攻击时用力过猛，又对其脑部多次击打，最终，在3月27日，山下彩花因为脑创伤而死亡。

而那名少年在事发当天逃离时，在距离案发现场200米左右的地方被山下彩花同校的一个小女孩看到。那名少年见状，为了杀人灭口，竟然用13厘米的小刀刺向小女孩的腹部。幸好，小女孩伤势不重，但在医院躺了足足两个星期才痊愈。

这两起恶性事件虽然引起了警方的注意，但却没有进行全力调查。正因为如此，那名少年又开始了自己的"杀人行径"。

5月24日下午一点半左右，住在神户市的11岁少年土师淳独自一人往爷爷的家中走去。在路上，他遇到了那名变态少年。但土师淳并不知情，他以为遇到了可以一起玩耍的玩伴。

其实，此时的变态少年正在寻找作案目标。他遇到11岁的土师淳时，看到他个头比自己小，认为自己肯定能将其解决掉。于是，他以自己有一只神奇的"蓝色乌龟"为名，诱骗少年到附近的一处高台上。趁土师淳不注意时，他用绳子套住他的脖子，将其狠狠地勒死。随后，他将土师淳的尸体藏匿在一个地方，才自行离开。

土师淳的爷爷一直在家中等着他，可到了晚上也没有见到孙子的身影。起初，他以为孙子有事没有来，就没有问孩子的父母。两天过去后，土师淳的爸妈没有见孩子回家，不免有些担心，因为他们给土师淳交代过，在爷爷家住两天就要回来。土师淳向来听话，不会因为贪玩而不回家的。当他们给孩子爷爷打完电话后，立刻惊慌地报了警。

而在 5 月 25 日，即土师淳遇害的第二天，那名变态少年再次到了案发现场，将藏匿的尸体找出，并将土师淳的头割下，放到事先准备的塑料袋中带走，并藏匿在另外一个隐秘的地方。5 月 26 日，他将土师淳的头带回家清洗。

与此同时，接到报案后警方对下落不明的土师淳进行调查和搜索，但并没有任何线索。在当天晚上，警察还在街上遇到刚刚遗弃凶器的变态少年，问他是否看到过土师淳。

5 月 27 日凌晨一两点左右，变态少年将土师淳的头带到了神户市的中学门口，并在那里放了两张纸条。直至早上 6 点 40 分，土师淳的头才被学校的管理员发现，惊慌失措的管理员立刻向警方报了案。下午 3 点，警方在距离学校 500 米之外的山边发现了土师淳的尸体。

这起变态的凶杀案件被大肆报道后，引起了日本民众的热切关注，他们想知道到底是什么样的人能够犯下如此残忍的案件。与此同时，警方也对案件进行深入的调查。

正当警方对这起凶杀案展开调查时，在 6 月 4 日，神户新闻社收到关于凶杀案的一封来信。信件的署名是"酒鬼蔷薇圣斗"，是用红色的墨水书写的。虽然是凶手的犯案自白，但语气却充满了挑衅。信中他承认自己就是杀害土师淳和山下彩花以及伤害其他孩子的凶手，并威胁称，将来还会有更多的凶杀案。

不久，神户新闻社再次收到第二封信，但是信件上却没有寄件人的地址，邮戳的日期显示为 6 月 3 日。咖啡色的信封中装有三页纸，共有 1400 个字，同样是用红色墨水书写的。信中包含了"酒鬼蔷薇圣斗"六个字，它们分别代表"酒精"（酒）、"死神"（鬼）、"玫瑰"（蔷薇）、"圣徒"（圣）、"搏斗"（斗）。这些字与被害人土师淳头上留下的纸条上的字迹相同。

信中提及"当我杀人或导致他人身体遭到伤害时，我觉得自己从持续的憎恨中获得自由。我能够从中得到和平。减轻我的痛苦的唯一方法——就是增加其他人的痛苦。……我把我的生命当作赌注押在这游戏上。如果我被逮捕，我会被处以绞刑，所以警方会愤怒并坚持追捕我"。另外，在信件中，凶手还斥责日本的教育制度，声称"强迫性的教育造就了我，一个隐形的人"。

当日本媒体对这起案件进行报道时，曾将凶手的名号"酒鬼蔷薇圣斗"误报为"鬼蔷薇"，这让凶手相当愤怒。随后，他又给神户新闻社写信，声称"从现在开始，如果你们再念错我的名字，或让我愤怒，我将会在一个星期内杀掉三棵野菜（凶手此处的含意为他不把那些周围的人当作人来看待）……如果你们认为我只会杀害儿童，那真是一个大错特错的想法"。

当警方在侦查的时候，曾一度认为凶手是 20 ～ 40 岁的男子。在调查期间，他们曾对那名变态少年进行多次讯问，因为调查人员在阅读他的报告书后对其有所怀疑。另外，在 3 月份的凶杀案中，他也是案件的嫌疑人。

随后，警方开始对他进行秘密的调查，向少年所在的学校索取他的笔迹，与此同时，2 月份遭到袭击的女孩也认出了那个少年正是行凶者。因此，警方断定他必然与这起残忍的凶杀案有关。

6 月 28 日晚上 7 点 5 分，14 岁的少年东真一郎因为被怀疑杀害土师淳以及其他被害人而被捕。在逮捕他时，警方还发现了部分凶器。在他被捕后，东真一郎很快承认了自己在 3 月 16 日杀害了为他带路的小学生山下彩花，并且还曾袭击过 3 名小学生。

东真一郎这起案件对日本造成了相当大的冲击。有罪犯分析专家和学者对这一事件和东真一郎进行研究和分析。有专家表示，"酒鬼蔷薇圣斗事件"的发生，表明很多日本民众都忽略了一些显而易见的迹象：很多日本儿童在他们 6 岁时就要面临极为严苛的考试，这对孩子们产生了深远的影响，并影响他们的人生和未来。因为这场考试决定孩子是进入良好的私立小学还是进入受人鄙视的公立学校。

"酒鬼蔷薇圣斗"东真一郎的母亲与其他日本家长一样，都对国家的教育系统和制度缺乏信心。即使当她知道儿子的精神状况已经非常不稳定时，她依然强迫儿子在学校要有突出的表现，并将当时的东真一郎虐杀小动物当成他的"爱好"。殊不知，他已经成为"隐蔽青年"，即一部分青少年群体对社会产生排斥心理而选择自我封闭，从而过上足不出户的生活。

另外，有心理学家通过对"酒鬼蔷薇圣斗"东真一郎的日记进行分析，认为他在很早之前就走上了暴力道路。因为他的日记中曾记载，"当我像是拿着手枪一样，拿着求生刀和纺织用剪刀时，我的愤怒就会减轻"。因此，他会通过虐杀小动物来宣泄压力。

在 1997 年 10 月 13 日，神户家庭裁判所判决东真一郎到少年感化院进行治疗；在少年感化院治疗比较顺利，在 2001 年 11 月 27 日，他被转移到"东北中等少年院"；虽然治疗得很顺利，但在 2002 年 7 月，神户家庭裁判所认为，他还有必要接受更严谨的教育，因此，继续对其收容；2004 年 3 月 10 日，已经成年的东真一郎重新回归社会；2015 年，他的书籍《绝歌——神户连环儿童杀伤事件》出版，引起世人的广泛关注。

\ \ \ 犯罪心理画像专家有话说

犯罪心理学家表示，没有任何人生来就是罪犯，也不会在某个时间段突然成为罪犯。大量的研究表明，导致很多罪犯作案的诱因是经过长时间的积累的，而这种诱因往往在很久以前就深埋在心里，在经过足够长的时间后，这些罪犯的心理过度扭曲，而童年往往是他们产生犯罪诱因的播种时期。

对于大多数处在童年期的孩子来说，他们可以承受来自肉体的痛苦，但却承受不了来自精神的痛苦。此时的孩子需要从母亲那里学到怎么爱以及如何表达爱的能力，这对他们来说非常重要。可是，如果孩子与母亲的关系是敌对的，也不能从其他家人那里获得关心和呵护，他们在精神上就没有幸福感，其价值观就会发生扭曲，当他们实施犯罪时，对他人造成的伤害在他们看来也不是"错误"的。

第五章

罪犯的作案手法与"记号"

第一节　系列谋杀案的元凶——纳撒尼尔·科德

在路易斯安那州什里夫波特雪松林地区，年轻的单身母亲黛博拉·福特与两个可爱的女儿住在这里，她们分别是 9 岁的尼克和 5 岁的肖恩。福特待人热情，与邻里关系都相当不错。由于她们所住的地方曾经被小偷盗窃过，因此，福特就让父亲将后门钉死，并将所有的窗户都从外面钉好，同时还装上防护纱窗。

福特的父亲为了能够让年轻的女儿过得更轻松和自由，每隔一段时间，他都会带着两个外孙女到自己家中小住几天。1984 年 8 月 31 日晚上，福特的父亲又来接两个可爱的外孙女。当尼克准备离开家时，想起自己的玩具熊没有带，又返回房间中去拿。

当她经过浴室的时候，发现浴室的窗户是开着的。于是，她关上窗户并在窗户框上竖直地放了一根木棍，以免它再度被打开，但她并没有锁上窗户。其实，只要摇晃窗户就能将那根木棍移开。

晚上，福特与好友参加完聚会后就独自一人回家，回家后身心俱疲的她直接躺在卧室的沙发上睡着了。可在第二天早上，当福特的朋友上门找她时，却看到了可怕的一幕：福特倒在血泊中……

警方和著名验尸官乔治·迈克阔密柯博士闻讯火速赶到案发现场，他们发现福特口中被衣物塞着，胸部中了 9 刀，有些伤口非常深，足以刺穿肺部，脖颈处也中了 6 刀。虽然福特身中数刀，但尚且活着。验尸官检查发现，福特最终是因为流血过多而死亡的。另外，福特的手被箱式电扇中的一段电线反绑着，打结的方式比较特别，如同一副手铐般。

迈克阔密柯博士与警方在仔细查看犯罪现场后推测，行凶者是从浴室的窗户进入房间中的，因为在窗户下的浴缸边留下了罪犯模糊的脚印，而且在窗户、浴缸等处还有掌纹。他可能是将窗户的窗纱卸掉，打开窗户后用金属片将其塞住以免窗户关上。有些家具被打碎，并且沙发垫附近一片狼藉，表明行凶者在袭击福特的时候发生了激烈的打斗。而福特的手部也有伤，可能是出于自卫而受的伤。

从现场的血迹可以看出，行凶者先是在沙发边刺了福特一刀，然后将其拖到地板上又刺了几刀。

迈克阔密柯博士注意到，在这起凶杀案中，作案者有明显的三个特征：对被害人完全控制；用刀刺伤被害人；用电线将被害人捆绑起来，并采用特殊的打结方式。同时，迈克阔密柯博士还推断出，行凶者习惯使用右手。

正当警方积极调查时，离黛博拉·福特家仅有几个街区的地方再次发生了凶杀案。薇薇安·查妮与男友比利时·乔·哈里斯以及兄弟杰里·克尔伯特，还有杰里的3个女儿卡丽莎、汤米卡、玛拉住在一起。有邻居发现，经常到庭院中嬉戏的孩子却一直没有出来，就上门一探究竟。谁知，却发现除了汤米卡和玛拉外，其他几个人全都遇害了……

警方赶到现场发现，他们每个人都是死在自己的房间中，只有汤米卡和玛拉两个孩子没有受伤。比利时·乔·哈里斯是在卧室的床上遇害的，头部左侧中了两枪，凶手是隔着枕头开枪的，子弹穿透了枕头。同时，他的胸部也中了两枪。另外，他的喉管被割断了。

与福特的凶杀案相同，他的手也被反绑在背后，如同一副手铐般，打结方式很独特。不过，他是被鞋带捆绑的，脚踝也被鞋带绑着。另外，脚和手被电话线绑在一起。

　　杰里·克尔伯特也是在卧室的床上遇害的，身上穿着睡衣，头部近距离遭到致命的一枪。现场没有挣扎搏斗的痕迹，表明他是在熟睡中被杀害的。不过，凶手却没有对他进行捆绑。

　　卡丽莎也死在卧室中，尸体俯卧在床上，手是被熨斗上的一部分电线像手铐一样反绑在身后。在房间中，警方还发现那个被割断电线的熨斗。卡丽莎喉咙被割断，尸体有被轻微移动过的痕迹。她的身上有两处大摊的血迹，一处是左腿膝盖附近，另一处是在脖颈处。验尸官检查发现，她是由于脖颈处失血过多而导致死亡。另外，在她的嘴中还被塞了管道带。

　　薇薇安·查妮的尸体是在浴缸中发现的，她的手被电话线反绑着，并且沿着她的腿部向下捆住了其脚踝。验尸官迈克阔密柯博士勘查发现，在薇薇安的衣服背后、下边以及臀部等地方都沾有卡丽莎的血迹。这表明凶手是先杀害了卡丽莎，而薇薇安则坐在了卡丽莎的血迹中。

　　另外，薇薇安身上还有掐痕和绳子的勒痕，并且头部受到重击，这表明她是被凶手掐勒窒息后，又被淹死在浴缸中。

　　警方在薇薇安家附近的一个小路上发现了塞在卡丽莎口中的管道带的另一部分；而在发现薇薇安尸体的浴缸边缘有 3 处左手掌纹。对此，迈克阔密柯博士推断，习惯使用右手的罪犯是用右手按住薇薇安的头，将其淹在水下面，而其左手则扶住浴缸边缘以保持身体平衡。

　　对比这两起凶杀案后，迈克阔密柯博士认为，这是系列谋杀案，是同一个凶手所为，并且罪犯是单独作案的；系列谋杀案的罪犯不仅会重复犯罪行为，还会将犯罪行为升级。同时，迈克阔密柯博士还分析，这名罪犯有可能就住在附近，而且还有可能藏匿在围观的人群中。

　　根据犯罪现场的痕迹，迈克阔密柯博士还推断出罪犯与被害人之前的互动逻辑过程：罪犯可能先用枪挟持卡丽莎，以此要挟薇薇安与哈里斯，让他们站着不许动，然后捆住薇薇安和卡丽莎，随后再捆住哈里斯，并将枪抵在枕头上消声打死哈里斯，他这样做是以免惊醒熟睡中的杰里·克尔伯特。

将哈里斯杀死后，罪犯又将在睡梦中的杰里·克尔伯特打死。接着，他用刀划破卡丽莎的喉咙，但此时她依然活着。随后，罪犯让薇薇安坐在卡丽莎流下的血迹中，并将她拖到浴室中，通过掐勒和溺水将其杀害。

将薇薇安杀害后，罪犯回到卡丽莎的卧室中，发现她还在移动，或是罪犯拖动了她。最后，罪犯又将卡丽莎杀害。

虽然警方已经掌握了谋杀案的基本案情，但对调查工作并没什么实质性的帮助。不久，又一起谋杀案发生了：73 岁的威廉·科德和两个孙子被人在家中杀死。在案发之前，有人还曾看到两个孙子与他在院中种花，他们分别是 8 岁的埃里克·威廉和 12 岁的乔·罗宾逊。

当警方赶到威廉·科德的家中时，3 名被害人的尸体是在不同的房间中被发现的。乔·罗宾逊的尸体俯卧在卧室的沙发上，脸部朝下。他的前额遭到了猛烈的击打，肩膀上有多处淤伤。脚踝处被一根白色的塑料绳捆着，而且手也是被反绑在身后，打了像是被手铐铐住的绳结。死因是被凶手用绳子勒死。

而埃里克·威廉的尸体是在一间小卧室的地板上被发现的，他也是脸朝下，塑料绳缠绕着他的脖子导致其窒息而亡。同样，他的手也如乔·罗宾逊那样，像手铐似的被捆绑着。

威廉·科德穿着一身睡衣，脸朝下躺在自己的床上。凶手用电话线捆绑住他的手腕，并像手铐一样将其捆住。验尸官在检查他的尸体时发现，他的头部受到猛烈的重击，这一重击足以让他死亡。另外，他的胸部被捅了 5 刀，背部中了 7 刀。验尸官检查伤口发现，有些伤口是相当致命的。威廉·科德正是由于这些伤的共同作用而死亡的。

迈克阔密柯博士通过查看犯罪现场以及死者被杀害、捆绑的方式推断，凶手是一人作案的。现场没有搏斗的痕迹，凶手可能先对乔·罗宾逊重击让其晕倒，然后将其捆绑并勒死。接着，埃里克·威廉也被捆绑、杀害。

迈克阔密柯博士分析，对于凶手来说，他的作案目标是杀害威廉·科德。因为他没有对两个孩子过度折磨的痕迹，也没有使用刀。可是，威廉·科德却被反复击打，并身中数刀，这也表明了死者与凶手有情感纠葛。

在离威廉·科德家不远的下水道中，警方发现了一把疑似凶器的刀具与一串钥匙。后来经鉴定得知，这把刀正是杀害威廉·科德的凶器，而钥匙则是威廉·科德的钥匙。

在警方对案件进行调查时，他们还请求 FBI 心理画像专家约翰·道格拉斯协助调查。当道格拉斯仔细查阅案情和犯罪现场的照片时，他与迈克阔密柯博士的看法相同，认为这几起案件显然是同一个人所为。同时，他还对罪犯的作案手法和犯罪"记号"进行了详细的分析。一般来说，作案手法是可以改变、模仿的，还会根据环境适当地做出调整。但是犯罪"记号"却不会改变，它与罪犯对某些事物的内在需要有关。

在这几起案件中都出现了相同的犯罪"记号"：手铐式的捆绑方法、独特的打结方式；操纵、控制被害人，将他们的尸体放在不同的房间；对被害人过度施暴，不仅刺死被害人，还割破喉咙。

通过道格拉斯的分析，警方对符合特征的嫌疑人进行了深入的调查。很快，他们就获得一条有价值的线索。有目击者称，在两起凶杀案发生后，他都曾遇到邻居纳撒尼尔·科德。在此期间，他还与科德交谈了几分钟，注意到他腋下有个褐色的小纸袋，而且身上还有血迹。当问科德发生什么事时，他声称与人打架，后来终于占了上风。

警方调查发现，纳撒尼尔·科德是一名水管工，他经常在这附近一带修理水管。警方对科德家进行搜查发现，在他家中找到的管道带与薇薇安家附近以及卡丽莎口中的管道带的化学成分相同。而这些管道带可能本就是同一卷带子，或是同一家公司生产的不同卷带子。同时，这些管道带是水管工人专门使用的，在零售店里根本买不到。

另外，警方对科德进行审讯时提取了他的指纹和掌纹，而这些与薇薇安家中发现的指纹和掌纹完全吻合。最终，法院宣判纳撒尼尔·科德犯有一级谋杀罪，判处其死刑。纳撒尼尔·科德因为与几起案件的被害人发生矛盾，内心扭曲的他最终采取了极端的手段进行报复。

\\\ 犯罪心理画像专家有话说

犯罪心理画像专家表示，对案件侦查时，区分罪犯的作案手法和 "记号" 是非常重要的。所谓的犯罪手法即是罪犯的犯罪方式，为了实现其犯罪目的而遵循的程序。这包括罪犯对作案目标的选择、作案地点、作案工具以及征服被害人的手段和进入房间的方法等。

比如，对于一般盗窃案来说，罪犯经常使用的一种作案手法是在破窗而入时将捕蝇纸粘在窗户玻璃上，这样做的目的是防止玻璃打碎后发出声响而惊动房屋主人。如果警察在盗窃现场的出入口发现捕蝇纸，就能缩小调查范围。

不过，有些罪犯也会根据环境变化或是其他原因而改变作案手法。比如，作案目标的安全措施加强导致罪犯习惯使用的作案手法难以奏效。

罪犯的 "记号" 是犯罪分子的 "身份证"，即不管何种犯罪性质，罪犯一定要满足自己的某种心理需求，甚至有可能以身犯险去做。比如，采取某种仪式展示尸体、肢解尸体、过度杀戮等。

随着时间的推移，罪犯可能在选择杀人工具、作案地点上发生改变，但他们的"记号"却不会改变，反而会有所发展。比如，奥地利的杀手杰克·奥特温格在杀人时都会采用一种与众不同的绳结方法，被判终身监禁后，犯罪心理画像专家格雷格指出，由于其控制欲强大的个性，杰克·奥特温格很可能会在狱中终结自己的生命。结果，他自杀时采用的绳结方法正是他勒死被害人的绳结。

第二节 亚特兰大的浩劫——连环少年谋杀案

1981 年，美国亚特兰大遭遇一场影响巨大的浩劫。这场浩劫持续了一年半的时间，让整个亚特兰大都陷入了恐惧之中。这场灾难是从一年半前悄悄开始的，几乎没有引起人们的注意。

1979 年夏天，13 岁的艾尔弗雷德·埃文斯离开家去看他非常喜欢的电影，可到了晚上家人也没有看见他的身影；与艾尔弗雷德·埃文斯同住在亚特兰大西南贫民区的 14 岁少年爱德华·霍普·史密斯也是如此，与朋友在溜冰场分手告别后，却一直没有回家。

7 月 28 日，有民众向警方投诉称，在尼斯基莱克路附近的树林中总是有一股恶臭味飘出来。于是，警方按照惯例去那里进行巡查。结果，他们发现了两具孩子的尸体。后来经检验得知，他们正是 13 岁的艾尔弗雷德·埃文斯和 14 岁的爱德华·霍普·史密斯。

艾尔弗雷德身上仅穿着一件长裤，警方通过对现场的勘查推测，他在死前并没有反抗的迹象，经法医检查后证实，艾尔弗雷德是被凶手勒死的。而爱德华却是被枪击毙的，他的上衣和袜子也消失不见了。

随后，警方对这起案件展开了积极的调查。正在调查之际，警方接到了一名目击者的匿名电话，他声称自己曾看到艾尔弗雷德与爱德华遇害的场面。当时，艾尔弗雷德和爱德华发生了争执，于是，艾尔弗雷德用枪打死了爱德华。随后，艾尔弗雷德又被另外一个男孩勒死。

在调查的过程中，警方发现艾尔弗雷德和爱德华都有过吸毒史，而且又获得了目击者提供的线索。因此，他们将这起案件认定为黑人少年因为毒品发生争执而导致两人死亡。由于当时亚特兰大总是发生类似的案件，因此，警方对那个匿名电话也没有做细致的调查。

但不久，又有少年遭遇了不测。1979 年 9 月初，住在西北郊中产阶级社区的 14 岁少年米尔顿·哈维骑着自行车出门后再也没有回家。10 月底，9 岁的尤塞夫·贝尔在外出后，也没有回到家中。

警方介入调查时，有目击者提供线索称曾看见尤塞夫·贝尔跟着一个成年男子上了一辆轿车。而那个男子看起来像是尤塞夫母亲的前夫。但警方对尤塞夫母亲的前夫进行调查后发现，他有不在场的证据。尤塞夫的母亲非常着急，本以为儿子遭到了绑架。因此，她通过媒体向绑架者请求：请放回她年幼的孩子。可是，信息发布后并没有什么效果。

在 11 月 8 日，有人在一所废弃的学校中发现了尤塞夫·贝尔的尸体。经检查得知，他也是被人勒死的。紧接着，在 8 天后，14 岁的米尔顿·哈维的尸体在亚特兰大的伊斯特波因特区雷德瓦恩路与德瑟特大道附近被发现。由于他的尸体已经腐烂，检查不出外伤的痕迹，因此，警方无法判断其死因。

不过，可以确定的是，这两个孩子都是黑人。但警方并没有将他们的死亡与之前的儿童谋杀案联系在一起，因为他们找不到这些案件的关联性。因此，警方并没有将它们看成是连环谋杀案。

连续发生的少年失踪谋杀案不仅引起媒体的关注，也让亚特兰大黑人市长梅纳德·杰克逊和黑人公共安全局局长李·布朗非常重视。他们通过媒体对外宣称：将全面调查近期发生的少年谋杀案，将凶手缉拿归案。

虽然警方加大调查力度，但案情却没有实质性的进展。风平浪静一段时间后，凶手再次出来作案。

1980 年 5 月 5 日，12 岁的女孩安杰尔·拉尼尔离开家去上学，可是到了上课时间老师也没有看到她的身影。不幸的是，在 5 天后，有人在一条道路边发现了安杰尔·拉尼尔的尸体。

当警方与法医赶到后发现，安杰尔·拉尼尔的手脚被电线捆绑着。她的衣着完整，内衣也没有被动过的痕迹，但嘴巴中却被塞着一条不属于她的内裤。经过法医检查发现，安杰尔是被电线勒死的。

与之前几起案件不同的是，这次被害人是个女孩，凶手的作案手法也有明显的差异。当警方调查安杰尔·拉尼尔遇害案时，又有父母前来报案，11 岁的杰弗里·马西斯在 3 月 12 日失踪后，至今下落不明。虽然已经有 6 名黑人少年儿童失踪或被害，但警方仍然没有将它们联系在一起，也没有对案件进行仔细的分析，找出这些案件的相同或差异之处。当时，很多黑人家庭每天都生活在恐惧之中，他们认为这些孩子的失踪或遇害可能是一些极端分子由于种族仇视而肆意报复。

令人恐惧的事情依然没有停止，不断有少年失踪或遇害。5 月 19 日，14 岁的埃里克·米德尔·布鲁克在距离家不远的地方遇害，是遭钝器重击头部而身亡；6 月 9 日，12 岁的克里斯托弗·理查森失踪不见了；6 月 22 日，8 岁的小女孩拉脱妮娅·威尔逊在卧室中玩耍时却遭到他人的绑架；6 月 24 日，10 岁的阿伦·威齐的尸体在一座桥梁上被人发现，死因是窒息和颈折；7 月 6 日，安东尼·托尼·卡特的尸体在一座仓库后面被人发现，他的脸朝下，身上有多处刀伤。通过对现场的勘查发现，尸体是从其他地方搬运过来的。

此时，案情已经发展到骇人听闻的地步，公共安全局局长李·布朗认为再也不能忽视这些案件了。他成立了"失踪者与被害人专案小组"，成员达到 50 人。可是，正在警方筹划之际，案件却还在继续发生。

7 月 31 日，10 岁的厄尔·特雷尔在雷德瓦恩路附近失踪，这一地点正是发现米尔顿·哈维尸体现场不远的地方。不久，12 岁的克利福德·琼斯的尸体被人在一条巷子中发现，死因是勒扼窒息而死。至此，警方才将这些案件联系在一起，认为这些黑人儿童失踪或遇害是有关联的。

而在厄尔·特雷尔失踪之后，他的父母曾几次接到绑匪的电话，要求他们交出赎金，还声称他已经将厄尔·特雷尔带到亚拉巴马州。由于案件已经跨越了州际界线，联邦调查局也介入了调查。与此同时，他们还请求犯罪心理画像专家约翰·道格拉斯与罗伊·黑兹尔伍德协助破案。

道格拉斯与罗伊不仅仔细查看了卷帙浩繁的案情资料、现场照片、验尸报告等，还走访了被害人的家人以及每一个被害人被发现的地方，以此找出这些案件存在哪些共同点与差异。另外，他们还将自己假设成凶手，以此准确地分析罪犯的心理。虽然在此过程中他们没有过任何交流，但两人所做出的心理画像几乎一模一样。

首先，他们一致认为凶手肯定是黑人。因为发现尸体或是抛尸的地方大部分都是黑人居住的地区。如果是一个白人出现在这些地区，必然会引起众人的注意。另外，警方在对案件进行全面调查时也从没有收到过白人去过案发现场的消息。

其次，很多被害人存在相同的地方：幼小、喜欢在外面玩耍、不谙世事等，这些特点导致他们很容易上当、受骗。对于凶手来说，他必须有一辆车，才会成功地将那些孩子绑走。

另外，大多数被害人都生活在贫困的环境中，而且有些孩子家中既没有电，也没有自来水可供使用。因此，对于不谙世事的孩子们来说，即使很小的诱饵就能让他们上钩。为此，他们还做了一个实验：让一位亚特兰大的警官伪装成工人进入这些地区，出示5美元让小孩子跟他去干点活。结果，不管是白人警官还是黑人警官要求这些孩子做什么事情，他们都欣然前往。同时，这个实验表明，白人一旦进入黑人社区是相当引人注意的。

至此，道格拉斯与罗伊为罪犯做了初步的心理画像：罪犯是个黑人男性，年龄在 25 ~ 29 岁；他可能是警察迷，经常驾驶一辆警式汽车，在警方调查此案时他总是想方设法参与进来；凶手可能养着一条警犬类型的狗，可能是德国牧羊犬，也可能是短毛猎犬。

凶手很会哄骗小孩子，可能与他从事的工作有关，可能是做音乐或是发挥表演才能方面的工作；在与孩子们接触时，起初他会好言好语地哄骗，孩子们一旦拒绝他，就会将他们杀死；罪犯没有女朋友，可能比较喜欢男孩子，虽然很多被害人没有遭到性侵犯或性虐待，但他可能是个恋童癖者或是一个有性犯罪记录的人。

针对道格拉斯与罗伊对罪犯所做的心理画像和分析，警方将犯罪嫌疑人的名单缩小到了 1500 人。同时，警察与联邦调查局的特工走访被害人的学校、家庭、朋友等以获取有用的线索。

在调查的过程中，警察与调查局虽然遇到一些"冒牌"嫌疑人，但经过深入查证，他们又及时地调整了调查方向。不过，他们发现导致调查出现问题的原因是媒体对案件的广泛报道，这让凶手感到很满足。

不久，凶手再次作案了！ 15 岁的特里·皮尤的尸体被人在罗克代尔县的西格蒙路上发现。这个地方距离 20 号州际公路仅有不到 2500 米，车辆来往非常频繁。在作案手法上，它与之前的几起案件大致相同：都是将被害人勒住导致窒息身亡。有目击者称，曾看到特里跟着一名黑人男子上了一辆绿色轿车。

对此，心理画像专家道格拉斯认为，这表明凶手密切关注媒体的报道。同时，他也是在向警方发出挑衅：只要自己愿意，可以在西格蒙路上抛尸。

特里·皮尤的尸体被发现后不久，在迪卡尔布县的比福德公路附近又发现了一具尸体——11 岁的帕特里克·巴尔塔泽。同样，他也是被勒死的。另外，法医经过检查发现，在帕特里克身上发现的毛发和纤维与之前几名被害人身上找到的完全吻合，这表明这些被害人都是同一个凶手所杀。

随后，媒体又对案件进行了广泛的报道。这让道格拉斯为之警觉：凶手在看完报道后知悉警方会从被害人身上寻找毛发和纤维，他必然会将尸体抛进河里。因此，他建议警方和联邦调查局的特工密切监视河流，尤其是查特胡奇河，它是亚特兰大市与毗邻的科布县之间的西北分界线。

事情的发展果然在道格拉斯的意料之内，不久，警方在绍斯河中发现了13岁的黑人男孩柯蒂斯·沃克。有目击者称，曾看见他跟着一名黑人男子上了车。紧接着，一天之内，警方又发现两具尸体：13岁的蒂米·希尔和21岁的埃迪·邓肯。而埃迪·邓肯是案发以来年龄最大的被害人。

与之前的被害人不同，这3名被害人都被脱得只剩下内衣。道格拉斯推测，这可能是凶手为了消除被害人身上的毛发和纤维。

随后，监视小组秘密监视沿河可能存在的抛尸地点。可是，凶手似乎知道警方已经布下天罗地网，突然停止了他疯狂而残暴的"猎杀"。因此，警方的监视行动一无所获。

而在此时，一位犯罪心理分析专家提出了关键性的问题，他分析，随着案情的发展，罪犯选定的目标年龄也越来越大，从八九岁到十二三岁、十四五岁，现如今又出现了21岁的被害人。从犯罪心理学上来看，罪犯杀死这么多的孩子，心理却得不到满足，可以看出其相当猖狂和残忍。随着经验的增加和作案次数的增多，罪犯变得越来越疯狂大胆，再加上警方一直未抓获他，他的心理需求也会逐渐增加，就会冒险对成年男子出手，以此获得成就感。

对此，警方和联邦调查局认为，调查的重点不能仅仅局限于少年谋杀案上，凶手有可能已经转变了目标。这也解释了为什么这段时间没有儿童失踪或遇害的消息。随后，他们开始调查近一个月内的所有犯罪案件。

同时，道格拉斯也总结出与连环谋杀案类似的作案手法：被害人窒息而亡、颈部有勒痕等。很快，就有几起案件与道格拉斯所总结的内容符合，除了抛尸地点稍微有些不同。在这些案件中，有的尸体被扔在灌木丛中，有的被抛弃在废弃的公寓楼中，还有的则是在被害人住处不远的地方。

不久，一个名叫韦恩·伯特伦·威廉斯的黑人嫌疑人进入警方的视线。有警官表示，在杰克逊路大桥底下监视的时候曾看见他驾驶着汽车经过，并在桥中央停留了片刻。同时，还听到重物"扑通"落水的声音。当警方对其进行调查时，他态度非常好，而且很合作，声称是个唱片推销商。随后，警方又按照惯例询问了他一些问题，才将其放走。

两天后，在杰克逊路大桥附近，27 岁的纳撒尼尔·卡特的尸体在下游浮出水面，与之前的几起谋杀案相同，他也是被人勒死的。而发现尸体的地方正是 21 岁的埃迪·邓肯的尸体被发现地点不远处。可是，由于证据不足，警方只能对韦恩·伯特伦·威廉斯进行严密的监视。

另外，韦恩·伯特伦·威廉斯与道格拉斯和罗伊所做的心理画像非常相似：黑人男性，23 岁，养了一只牧羊犬；是个警察迷，还有一辆淘汰的警车，几年前曾因为冒充执法人员而被拘捕。现如今，他住在亚特兰大的希尔斯，而在这一地区曾发生多起儿童谋杀案。还有目击者称，曾在一些被害人遇害的地方见过他在那里停留。

随后，警方获得搜查令，他们对威廉斯的卧室、汽车进行了仔细的搜查。虽然他的车子有清洗过的痕迹，但警方还是在车中和卧室中找到与被害人身上相同的毛发和纤维。最终，韦恩·伯特伦·威廉斯谋杀罪名成立，被判终身监禁。

\ \ \ 犯罪心理画像专家有话说

心理画像专家表示，很多连环杀手的真实身份往往是我们周围的邻居、同事等，而大多数的连环杀手都有反社会倾向，有可能独居或与他们的寡妇母亲生活在一起，抑或是与"保姆型"的女性同住。另外，大多数的连环杀手除了有强大的控制欲外，还会试图从被害人身上获得他们需要的其他满足，比如，虐待、被害人的乞求、性等。

在现实生活中，很多连环杀手都会将他们的时间用在反侦查上，他们设法制造假的证据或是将作案的线索清除掉，以免被警方发现。当很多凶案发生后，他们的冲动与过度膨胀的自信会一步步毁掉他们原来那种谨慎的态度，从而在作案时留下线索，最终被警方抓住。

有些连环杀手往往相当狡猾，他们会在作案前制订周密的计划，所选择的被害人也是易于得手的或是与他们有很大的实力悬殊的，比如，孩子、女性等。他们会在比较偏僻的地方作案，不易被他人发现。

大多数连环杀手不会收藏与被害人有关的信息或个人物品，即使有强迫症倾向的罪犯也知道，这些信息或物品若是被警方发现，就可以证明他们与被害人有某些关联。所以，有些连环杀手在犯案后还会重返犯罪现场或是在警方查案时混在人群中。由于他们对案件高涨的自我意识和渴望情绪有可能会导致他们假装成证人，以向警方提供线索，或是自愿加入搜寻凶手的行列中。

第三节　臭名昭著的"杀人狂"——绿河杀手

在西雅图有一条蜿蜒流淌的河流——绿河，一直以来，附近都是歌舞升平，行人穿梭如织。周围商铺的吆喝声，酒吧中传出来各种舞曲声，旅馆中人来人往的嘈杂声……处处弥漫着祥和之气。可不承想，这里的宁静与祥和很快就要被打破了。

1982 年 8 月 15 日，一个名叫罗伯特·埃斯沃的男孩像往常一样划着橡皮艇沿着绿河向西雅图的郊外驶去。他非常喜欢钓鱼，只要有空就会去郊外钓鱼。清澈的河水，凉风习习，让罗伯特顿时感到心情舒畅。正当他欢快地向前划着时，突然发现清澈的河底似乎有一个人体模具，他本以为是附近商场丢掉的人体模特。可是待他划近仔细查看后竟然发现，水底的石头下是一具女孩的尸体！

他顿时吓得大惊失色，拼命向岸边划去，并立刻向警方报案。起初，警方以为是附近的居民不慎跌入河中而出现溺水身亡的事故。可是，他们赶到案发现场搜查后发现，河底并非只有一具尸体！

随后，大批的警察赶到了现场，并对现场进行了封锁，试图提取有用的线索。另外，他们还扩大了搜查范围。很快，在发现尸体不远处的草丛中，警方搜寻到了第三具尸体。这具尸体是一个女孩，身上的衣衫不整，并有多处伤口，而在其脖子上有一条系得牢牢的牛仔裤，这表明被害人显然是被勒死的。法医对尸体进行检查后推测，被害人在死前可能有过激烈的打斗和反抗。

随后，法医对河中的两具尸体检查后推断，她们也是被凶手勒死的，然后在其脚部系上重物，以让她们沉入河中。经过进一步尸检发现，她们两人都是在一周前遇害的，但将其抛入河中的时间大概在两天前。而在草丛中发现的死者，其死亡时间不超过 24 小时。

警方很快查明了她们的身份：从河中打捞出来的两名被害人分别是 17 岁的辛西娅·海因兹与 31 岁的玛西亚·查普曼，而在草丛中发现的死者则是 16 岁的奥尔珀·米尔斯。她们 3 个人都是因为窒息身亡，不同的是死亡时间。

这让警方很震惊，这已经是在绿河发现的第六具女性尸体了！因为在 6 个月之前，曾有人在绿河附近发现一个名叫丽安娜·威尔考克斯的被害人，她也是窒息死亡；一个月前，同样在绿河附近，警方又发现一具全身赤裸的被害人尸体，名叫温迪·李柯菲德；6 天前，在同一地点，一个名叫底波拉·邦纳的被害人被发现，死因也是窒息死亡。

由于这些遇害人的尸体都是在绿河附近发现的，因此，警方将这一系列案件称为"绿河连环杀人案"，而对潜逃在外的连环杀手称为"绿河杀手"。

案件被媒体报道后，西雅图的民众都感到非常惊慌和恐惧，他们担心如果不把凶手尽快缉拿归案，那么，他很快就会有新的"猎杀"目标。警方自然也明白这一点，为此，西雅图警方立即成立专门的调查小组对这一系列案件进行深入的调查，并让戴维·雷切特担任组长。同时，他们还请求 FBI 的心理画像专家约翰·道格拉斯和罪案调查专家鲍勃·凯珀尔协助他们破案。

可是，虽然警方组织的破案阵容非常强大，但案件侦破的进展速度并没加快。由于民众都在关注这起案件，他们纷纷热心地提供诸多线索，这些线索占据了警方大部分的时间，他们需要对其一一核实。结果，很多线索在经过调查后却没有任何价值。

虽然找不到有价值的线索，但警方并没有放弃，他们决定从罪犯的作案手法入手，寻找这一系列命案的共同之处。很快，警方就找出了这些被害人的相同之处：被害人都是窒息而死的，有的尸体被绑上重物沉入河底，有的则扔在草丛中，以免被人发现；被害人均是赤身裸体或是衣衫不整。另外，这些被害人还有一个共性：都是年龄不等的女性，并且曾经都从事过性服务行业。

因此，警方怀疑这一系列案件都是针对妓女的谋杀案。与此同时，道格拉斯在看过这些案件的现场照片和案情报告后，他对凶手做出了初步的心理画像：罪犯是白人男子，身材健硕；通过一系列的谋杀案可以看出罪犯对自己所犯下的罪行没有任何悔过之心，因此警方抓住他之前，他会继续自己的杀人行径；罪犯可能曾经遭受过女性的羞辱，因此现在他尽可能地去惩罚那些他自认为最卑贱的人，而妓女就成了他的首选；罪犯是在西雅图生活，并且会经常出入红灯区和绿河附近。

根据道格拉斯对罪犯的心理画像和分析，警方随即锁定了西雅图的红灯区，对几百个妓女进行了调查。可是妓女与警察的关系本来就有些微妙，她们不怎么配合警方的调查，这也增加了警方的破案难度。当警方展开调查之时，罪犯却依然顶风作案。

在 1982 年 9 月 26 日，一具尸体在科马国际机场附近一栋废弃的住宅中被发现。被害人依然是一名女性，身上一丝不挂，脖颈处系着一双黑色的男袜。法医检查尸体后发现，这名被害人也是窒息而死的。很快，警方就查明了她的身份。被害人是 17 岁的吉赛尔·洛沃恩，两个月前，她的家人曾在警局报过人口失踪案。

可是，吉赛尔·洛沃恩的家人在辨认尸体时却提出了疑问：吉赛尔一直都是金色的头发，从来没染过头发，但遇害后为何金色的头发变成了黑色？警方也不解，难道是凶手所为吗？他是不是在警方的监视下改变了作案手法？

1983 年 5 月，一具年轻的妓女尸体被人发现。不过，被害人的衣着很完整，像是被细绳勒死的。另外，案发现场像是经过精心布置的：死者脖子和肩膀上都放着一条鱼，两腿中间放着一个酒瓶。警方将她的死亡也归咎于"绿河杀手"。但道格拉斯在查看现场照片后却认为，这起谋杀案更多是来自个人恩怨，罪犯对被害人很熟悉，杀害对方只是为了宣泄自己的愤怒。

不久，警方又接到了一起人口失踪案，失踪者是一名叫玛丽·马尔瓦尔的妓女。有目击者称，曾在玛丽·马尔瓦尔失踪前看见她上了一个男人开着的小货车，可能那个人是她的顾客。此时，警方不禁想起了"绿河杀手"，这个带走玛丽·马尔瓦尔的男人是不是连环凶手呢？

值得庆幸的是，目击者还向警方提供了那辆货车的型号。很快，警方根据型号找到了那辆小货车。货车的主人叫加里·里奇韦，他在接受警方询问时非常有礼貌，并且很从容地回答了警方提出的每一个问题。不仅如此，他通过了测谎测试。这让警方感到，这个人只不过是一个无辜的民众而已，与连环凶手毫无关系。

此时，警方接到的失踪案件越来越多，死亡的数字也在不断地增长。道格拉斯认为，案子拖得越久，死亡人数增加的可能性就越大。有些人会争相模仿"绿河杀手"的作案手法。与此同时，道格拉斯也在对凶手的心理画像进行修改：罪犯是一个中年男子，平日里比较沉默寡言；善于伪装，每次作案后都会伪装一番，而后再回到案发现场或是抛尸地点；他非常关注案件的进展情况，并与警方有过多次接触。

由于案子一直没有侦破，调查小组的组长也换成了弗兰克·亚当森警长。他上任后认为这一系列案件之所以没有快速破获，主要是由于警方的分工不合理，从而浪费了人力和物力。于是，弗兰克·亚当森警长做了多方面的调整。另外，他还建议罪案调查专家鲍勃·凯珀尔建立一个线索分析小组，让他们专门对民众提供的线索进行整理和分析，以避免警察们因为大量的线索而手忙脚乱。

由于"绿河杀手"的嫌疑人太多，鲍勃·凯珀尔提出用排除法，即如果疑犯有任何证据证明自己是清白的，警方就将其从疑犯的名单上排除。这为警方寻找真凶节省了大量的时间。

虽然弗兰克·亚当森警长提出的措施提高了工作效率，但案情还是没有取得实质性的进展。"绿河杀手"依然相当猖狂，仍然有女性遇害。

1984 年 2 月 14 日，一个名叫丹妮丝·路易丝·普拉杰的女性的尸体被人在西雅图 90 号州际公路附近发现。从作案手法来看，与"绿河杀手"无异，被害人是被勒死的。

到了 1984 年底，警方先后发现 28 具被害人的尸体，还有一些失踪者一直未被找到。凶手不再固定地将死者的尸体抛入绿河中，而是将其抛在废弃的居民区，而发现尸体最多的地方就是公路边的垃圾站。对此，道格拉斯认为，由于凶手对妓女相当憎恨，他认为将她们杀掉后就应该像处理垃圾一样将其丢到垃圾堆中。

道格拉斯建议警方，将那些抛尸地点都一一标记下来，然后再做比较，可能会发现凶手的活动范围。结果，在警方的观察和比较中发现，凶手的抛尸地点在地图上正好形成一个三角形。对此，警方推断，凶手必然就在这个三角形中心地带活动。紧接着，他们对抛尸现场和被害人的尸体进行了仔细的勘查。

在警方有条不紊地展开调查之际，1985 年 6 月，在美国俄勒冈州，一位农夫在自家地里用推土机推出了两具尸体。经警方调查发现，她们也是西雅图的妓女。此时，警方才知凶手已经逃窜到不同的城市，难怪很多失踪者寻找不到。

一段时间过后，警方发现"绿河杀手"似乎销声匿迹了，没有人再发现尸体，也没有人前来报案，这虽然给他们减缓了不少压力，但也让破案工作进入了僵局，搜集证据也增加了难度。但很快这种平静的局面又被打破了，1985 年年末，又有人发现了 3 具尸体，其中一具还被割去了头颅。对此，警方猜测，有可能是"绿河杀手"开始改变自己的作案手法来迷惑他们。

1986 年 2 月，警方的调查工作终于有了新的突破。在警方的嫌疑人名单上有一个人非常关心案件的进展情况，这引起了警方的怀疑。一般来说，关注案件进展情况的除了警方就是被害人的家属，可这个人却不符合这两种身份。而此人正是警方曾经接触过的加里·里奇韦。

于是，加里·里奇韦再次接受警方的审查和讯问。在接受审讯时，加里·里韦奇声称自己之所以关注这一系列案件，是由于之前曾被怀疑，并被警方讯问过，还搜查过他的房子。他不想再次遭到陷害，因此时刻关注案件进展情况，希望警方尽快抓到真凶。虽然此次对他进行审问的是特工吉姆·多伦，但他还是相信了加里·里韦奇的谎言，将其从嫌疑人的名单中剔除了。

在调查小组调查绿河连环杀人案的过程中，虽然弗兰克·亚当森警长在调查工作中做出了大量的改进，可迟迟没有破案，这引起民众的诸多不满，对警方的信任也渐渐土崩瓦解。为了平息民众的愤怒，调查小组不得不再次更换负责人，詹姆斯·庞贝成为新的组长。

在詹姆斯·庞贝走马上任时，"绿河杀手"再次向警方发出了挑衅：在加拿大大不列颠哥伦比亚省温哥华市再次发现了两具失踪女性的尸体。另外，在两具女尸附近还放着一些其他被害人的残肢。经法医鉴定发现，这些残肢正是绿河连环杀人案中的被害人的。"绿河杀手"竟将被害人的尸体抛到了国外，这显然是在嘲弄美国警方。

直到 1987 年年初，加里·里韦奇再次被划到重要嫌疑人名单中。当时的调查小组成员马特·海尼一直怀疑加里·里韦奇就是"绿河杀手"，因此，他私下里对加里·里韦奇进行了多方面的调查。终于，他在加里·里韦奇身上找到了诸多疑点。

1980 年，加里·里韦奇曾经因为试图勒死一名妓女而受到指控，但由于当时妓女的社会地位比较低，而他又声称是妓女先动手的，自己是自卫反击。因此，法院相信了他的话，将其无罪释放。

1982 年，加里·里韦奇曾因为超速行驶而遭到警方的拦截。当时，他的车子载着一名妓女，而那名妓女正是绿河连环杀人案中的被害人之一。之前的玛丽·马尔瓦尔在失踪前，也有目击者看到她上了加里·里韦奇的车。另外，加里·里韦奇的前妻曾经告诉警方，他的行为非常可疑，经常开车去抛尸现场。这与道格拉斯所做的心理画像非常相似：每次作案后凶手都会伪装一番，再次回到案发现场或是抛尸地点。

除此之外，还有一个关键的证据表明加里·里韦奇与绿河连环杀人案有着密切的关系。警方在很多被害人的身上都发现了细小的油漆喷点，当时警方就推测这可能与凶手的职业有关，而加里·里韦奇的工作就是卡车喷漆工。为此，马特·海尼警员还到加里·里韦奇工作的地方调查过，发现每次发生妓女失踪案时，他就会早退或请假。

这些证据都指向加里·里韦奇就是"绿河杀手"。可是，这些并不能作为直接证据，有些甚至是马特·海尼警员推想出来的。后来，警方对加里·里韦奇的住处进行了细致的搜查，但并没有找到有效的证据。最终，由于没有确凿的证据，他们只好将加里·里韦奇放走。

到了 1989 年 10 月，警方在西雅图又发现了两具女性尸体。虽然尸体已经腐烂不堪，但他们依然怀疑是"绿河杀手"所为。

20 多年过去了，警方一直没有找到绿河连环杀人案的凶手。因此，很多人都认为"绿河凶手"可能早已过世了，或是他仍然逍遥法外。

直至 2001 年 11 月 30 日，很多人都以为绿河连环杀人案有可能成为一大悬案时，警方却依靠 DNA 技术突然对外宣称：加里·里韦奇就是绿河连环杀人案的真凶！

此时的加里·里韦奇已经年过半百，警方对他进行审讯时从其身上提取了头发、唾液等样本。结果，这些样本与被害人身上和抛尸现场采集的 DNA 样本完全吻合。

虽然加里·里韦奇被警方逮捕了，但他却不承认自己的罪行。后来，法院与加里·里韦奇签订了一项协议：只要加里·里韦奇供出犯罪事实和抛尸地点，他就能够获得死刑豁免权。

最终，加里·里韦奇终于承认了自己的罪行：除了杀死一些妓女外，他还杀害了一些离家出走的女性。虽然他逃过了死刑，但从今以后只能在牢狱中度过余生。

后来，心理学家与他在监狱中交谈，了解他杀人的原因，与心理画像专家道格拉斯分析的很相似：加里·里韦奇有一个控制欲很强的母亲，他经常遭到母亲侮辱性的训斥，这让他对女性产生了强烈的排斥感。之所以选择妓女和离家出走的女性，是因为这些人很容易被人遗忘，而且容易下手。他伪装成嫖客，那些妓女就会轻易上钩。待她们坐上车后，他就会伪装成一个好父亲的样子，向其展示儿子的照片以骗取她们的信任。

随后，他会选择秘密的地方将她们杀害再抛尸。为了迷惑警方，他还在抛尸地点故意放一些不属于他的东西。他经常会驱车到抛尸地点，看看尸体是否被人发现。

另外，心理学家还对加里·里韦奇的心理进行分析，他之所以能够轻易地通过测谎测试，并从警方视线中逃脱，是因为他认为自己杀死这些女性并非是一种错误的行为，而将其当成自己的事业。因此，当警方审讯他时，他总是相当从容和镇定。

\ \ \ 犯罪心理画像专家有话说

心理画像专家经过研究发现，几乎所有的连环杀手都会在作案后重返犯罪现场，他们这样做的目的是从案发现场获得杀戮时的满足感和快感，以旁观者的心态来回忆作案时的杀戮情景，从而产生一种"隔岸观火"的窃喜。正因为如此，很多连环杀手在作案后会重返犯罪现场。

虽然连环杀手的这种反常行为警方也许不能及时地意识到，但如果警方在犯罪现场以及周围布置监控设备的话，就方便将作案者抓获。可是，很多连环杀手的警惕性是相当高的，而有的警察由于欠缺处理连环凶杀案的经验，所以很容易忽略这个细节，让罪犯一次次逃脱。

第四节 "记号"甄别连环谋杀案的真凶

1990 年的一个午后，美国西雅图的一位居民在经过一个垃圾筒旁时，看到垃圾筒的另一边有一个形似人脚的东西露了出来。本以为自己看花了眼，可在他转过垃圾筒走近一看时，竟然是一具尸体被丢弃在那里！他吓得直往后退，大惊失色地急忙叫人打电话报警。

警方随即赶到案发现场，并对现场进行封锁。他们发现，这是一具女性被害人的尸体，死者身上有多处伤痕，尸体是被刻意摆放的，并且有侮辱死者之意：双腿交叉，双手紧握着，全身赤裸。经法医检查发现，被害人是被勒死的。随后，警方调查得知，被害人名叫玛丽·安·波尔赖克。可是，警方在现场并没有发现什么有价值的线索。

正当警方要展开调查时，又有一桩命案发生：安德烈亚·莱文在家中被杀害，死因是窒息身亡，从她脖颈上的痕迹可以推断她也是被人勒死的。另外，她的身上有多处伤痕，尸体被摆放在床上。虽然摆放的方式不同，但与玛丽·安·波尔赖克遇害案类似，充满了侮辱之意：全身赤裸，脚上穿着红色的高跟鞋，双腿分开，枕头放在她的头上。

紧接着，第三起命案也随之发生：卡罗尔·玛丽·比瑟在家中遇害。同样，她的尸体也是以含有侮辱之意的姿势被摆放在床上：全身赤裸，尸体仰卧在床上，胳膊下还放着一本黄色书刊。死因同样是窒息而亡。

起初，警方认为这 3 起命案应该是 3 个罪犯所为，因为尸体的摆放方式有所不同。另外，由于被害人均是白人女性，他们认为凶手极有可能是白人。

　　但在警方深入调查后，他们发现这 3 名白人女性都与一个名为乔治·罗素·小约翰的黑人相识并交往过。因此，警方不得不调整了调查方向，对乔治·罗素·小约翰产生了怀疑。

　　可是，当警方与乔治·罗素·小约翰初次接触时，根本无法将他与这几起谋杀案联系在一起。30 岁的乔治·罗素·小约翰是一个英俊帅气的男子，善于辞令，并且受过良好的教育，因而他的交际圈子比较广，很多女性都喜欢与他接触。他经常会跟黑人女子和白人女子约会，并且在这两个种族中都有很不错的朋友。

　　不过，乔治·罗素·小约翰却有小偷小摸的犯罪记录，当地警方曾以多项指控拘捕过他，但也无法相信他会与这几起谋杀案有关。另外，警方也没有足够的证据起诉他犯有谋杀罪，由于当时不同种族之间发生性犯罪的案件非常罕见，这让调查陷入了困境。

　　与此同时，法院也不同意将这 3 起凶杀案放在一起审理。因为没有足够的证据能定乔治·罗素·小约翰犯有一级谋杀罪，也没有证据能将这 3 起凶杀案联系在一起。如果警方证明不了这 3 起凶杀案的关联性，那么，法庭只能将乔治·罗素·小约翰无罪释放。

　　于是，警方邀请犯罪心理画像专家约翰·道格拉斯协助他们破案。道格拉斯在仔细查看案情和现场照片后分析，在这一周之内发生的 3 起凶杀案其实都是一个人所为。从表面上看，这 3 位被害人似乎是被不同的罪犯杀害的，但是由于作案手法相同：被害人身上都有明显伤痕，并且都是被勒死的，所以同一个人作案的可能性很大。因为，一个凶手是不可能在短时间内变换其他作案手法的。

　　另外，道格拉斯还分析，想要知道这 3 起凶杀案是一个凶手还是多人所为，通过"记号"就能识别出，即凶手对尸体的摆放方式。因为摆弄尸体并非是无缘无故的举动，而是能够反映凶手的心理。

这3起凶杀案的尸体摆放姿势明显带有侮辱被害人之意，而且案发现场所表现的性成分一次比一次升级，这表明凶手内心非常愤怒，以此彰显自己控制权，将被害人的尸体像道具似的摆放，以追求杀戮的刺激。同时，也表达他对警方的藐视。

在审判前的听证会上，富有办案经验的特工鲍勃·凯珀尔也同意道格拉斯的分析。他作证称，在他调查的上千起案件中，仅有10起案件出现摆放尸体的特征。可是在这3起凶杀案中，3具尸体的摆放姿势竟然没有任何重复的地方。由此表明，这3起凶杀案正是一人所为。

最终，陪审团一致认定乔治·罗素·小约翰一项一级谋杀罪和两项加重谋杀罪成立，法院判处其终身监禁并不得假释。

\ \ \ 犯罪心理画像专家有话说

犯罪心理画像专家指出，对于很多凶手来说，他们将被害人的尸体任意摆放其实是实施犯罪的唯一理由。尤其是很多杀人犯或是性侵犯，他们都是有心理缺陷的，对那些曾经羞辱他们的人，他们总是伺机报复。一旦这些人失去性命，他们就会任意摆弄和羞辱这些人的尸体。对于他们来说，会认为这有可能是控制他人的一次绝好机会。而这种现象正是区别这类罪犯的"记号"特征。

不管在案件中出现何种"记号"，即使作案地点和杀人凶器可能会改变，但"记号"却始终不会发生变化。正如心理画像专家所说，没有两起犯罪案件是完全一模一样的。不过，一旦罪犯有可辨识的"记号"，就可以以此来甄别相关的类似案件，便于并案侦查。

第六章

犯罪动机是破案的关键

第一节 "炸弹狂徒" —— 乔治·米特斯基

1940 年 11 月，在负责纽约供电的联合爱迪生公司的一个窗台上，有一名工作人员发现了一枚自制炸弹，并且炸弹上还附有一张纸条。上面用非常漂亮的字迹写道："联合爱迪生的罪犯们，这是给你们的礼物！"

联合爱迪生公司立刻向警方报了案。由于炸弹没有引爆，从这枚炸弹上警方也找不出任何有价值的线索和犯罪动机，虽然罪犯的目标是联合爱迪生公司，但想要抓捕嫌疑人却是难上加难。因为联合爱迪生公司是一个规模非常大的合并公司，并且成立时间比较短暂，因此，雇员的信息统计机制并不健全。在合并之后，有很多分公司的记录非常杂乱。所以警方想要从中寻找嫌疑人，无异于大海捞针。另外，由于炸弹没有引爆，因此警方也没有在意，并没有很重视这起案件。

可是，在 10 个月之后，警方在一条街道又发现了与爱迪生公司相类似的炸弹。不过，在这枚炸弹上还绑有未开启的定时器。

1941 年 12 月，在日本袭击美国太平洋海军舰队基地——珍珠港后不久，警方收到了一封来自威彻斯特县的信。信中的笔迹与一年前在联合爱迪生公司发现的炸弹所附纸条上的笔迹完全相同，上面写着："在战争期间，我不会制造更多的炸弹。我也是一名爱国者，我会在日后惩罚联合爱迪生，他们将为自己可耻的行为负责。"

而在这封信的最后，署名写着简短的缩写 F.P.。之后的几年里，虽然警方没有发现更多的炸弹，但是联合爱迪生公司、纽约的报纸、百货商店和酒店却在此期间收到了 16 封类似的信件。由于"炸弹狂徒"一直没有实际的行动，因此，警方以为他已经放弃了复仇，或者他已不在人世。

可是，在 1950 年，警方在纽约的中央车站又发现了一枚没有引爆的炸弹。经过检查发现，这枚炸弹制作得非常精致，而且作案者并没有想要引爆炸弹的意图。

但没过多久，当警方麻痹大意之时，"炸弹狂徒"却突然出手了：一枚隐藏在纽约公共图书馆电话亭中的炸弹被引爆了，幸好这次爆炸并没人受伤。可是，纽约的报纸却在这起爆炸案后收到了"炸弹狂徒"的信件，信中宣称"还会有炸弹为正义而引爆"。

而在 1951—1954 年期间，在纽约无线电城音乐厅、海关车站、洛克菲勒中心等地点先后有 12 枚炸弹发生爆炸。最为严重的一次爆炸是在 1954 年，当时，炸弹被隐藏在电影院的一把椅子下面。这起爆炸案造成 4 人受伤。

1955 年，警方总共发现了 6 枚炸弹，其中有 2 枚没有引爆。不过，这些炸弹一旦爆炸，破坏性会变得越来越大，这意味着"炸弹狂徒"变得越来越疯狂。纽约市民谈"炸弹"色变，每天出门都担心自己会被炸弹炸伤。

而这名"炸弹狂徒"给报纸寄的信件也越来越多，甚至还打过电话。警方虽然听到了罪犯的声音，但由于声音过小而无法辨认其真实身份。而让警方意想不到的是，"炸弹狂徒"给一家报社寄去的信还对自己的行为进行了总结："迄今为止，我共使用了 54 枚炸弹，打了 4 通电话，我会继续我的所作所为，直到联合爱迪生被绳之以法。"

1956 年 12 月 2 日，在布鲁克林区的派拉蒙影院中发生了一起爆炸，导致 6 人受伤，3 人伤势比较严重。因此，有报社编辑直接对"炸弹狂徒"发表了公开信，希望他能尽快自首，并承诺会给他提供解释自己犯罪动机的平台。果然，在两天后，这家报社收到了"炸弹狂徒"的回复，他声称，已经开始对 3

名政客采取行动。他还在信中列举了他在 1956 年投放的 14 枚炸弹，其中有多枚炸弹警方并没有发现。

不久，"炸弹狂徒"又写了一封信，并在信中提供了自己身份的线索："我在联合爱迪生工作时曾受过伤，我因此被认为永久性地成为了残疾。我没能从公司获得任何补偿，我是独自背负疗伤和生活的重担的……"

此时，警方对这名"炸弹狂徒"的"复仇之路"感到震惊，因为他陆续投放炸弹已经 16 年之久，纽约警局的领导也已经换了好几拨，而他却至今未被抓获。警方虽然去联合爱迪生公司检查了十几年前员工申诉的信件，但却收效甚微，因为很多记录都已不在了。

于是，警方不得不寻求心理分析专家詹姆斯·A.布鲁塞尔教授的帮助，詹姆斯·A.布鲁塞尔教授研究精神病人罪犯多年，还曾在第二次世界大战时担任美国迪克斯堡军事基地的首席精神病学家，并为联邦调查局和中央情报局的反间谍活动提供心理肖像服务。

当布鲁塞尔教授仔细查阅这十几年关于"炸弹狂徒"的案情资料后，他做出了分析：罪犯是男性，因为布鲁塞尔教授处理过多起炸弹袭击案，这些案件的作案者都是男性；罪犯并非是在美国出生，因为他所写的信件中并没有使用美国的俗语；信件中的一句"他们会为自己卑鄙的做法付出代价"，这种说法表明凶手年纪比较大；信件的文字风格不属于拉丁文风和德文，因此罪犯有可能是来自北欧国家，而且多半是移民；信件笔迹工整漂亮，表明罪犯受过良好的教育。

而从信件的书写方式，可以判断罪犯比较喜欢自己的母亲，憎恨父亲。罪犯没有结婚，与年长的女性家庭成员住在一起。由于失去母爱，导致他非常痛苦，因此与年长的女性亲属一起生活能够使他想起母亲。

从清秀的字迹和干净的信纸可以推断出罪犯做事认真，衣着整齐，看起来非常整洁，习惯穿双排扣西装；从炸弹制作得非常精致来分析，表明罪犯善于使用工具，而且工作技巧相当娴熟，对自己的技能有些自负。

罪犯是一名偏执狂，他总认为自己遭到他人的迫害。布鲁塞尔教授分析，因为偏执狂存在潜伏期，在一段时间内病情发展比较缓慢，可是过了 35 岁之后就会变得一发不可收拾。而罪犯放置炸弹已有 16 年。因此，他推断作案者的年龄大概在 50 ~ 60 岁左右。不仅如此，罪犯还患有精神病，不过他比较谨慎，做事总是小心翼翼，控制力很强。

根据这些分析，布鲁塞尔对罪犯做出的心理画像是：罪犯是一名男性，年龄在 50 ~ 60 岁之间；性格内向，虽然不善与人交际，但并没有与世隔绝；是一位经验丰富的机械师，对工作认真，善于使用工具，对自己的技能有些自负；是个虔诚的宗教信徒，对别人的批评很敏感，会怀恨在心，但控制能力很强，不会将愤怒的情绪表现出来，却会变得非常暴力；喜欢母亲，憎恨父亲；罪犯是个偏执狂，总认为自己受到迫害，从而会导致偏执的问题越来越严重。

对于罪犯而言，他的犯罪动机可能是由于他被解职或是惩罚，从而让他的仇恨不断积累。因此，罪犯有可能现在是或曾经是联合爱迪生公司的职员。

在警方拿到布鲁塞尔教授寄来的心理画像报告的同时，有媒体也收到"炸弹狂徒"的一封打字信，上面写道："我 1931 年 9 月 5 日在联合爱迪生工厂工作时受伤……"依据这条线索以及布鲁塞尔教授的心理侧写，他们首先对联合爱迪生公司在 1931 年的记录进行了仔细的搜查，最终找到了相关文件。

在这些文件中记录，乔治·米特斯基是在 1904 年出生的，是波兰移民的后代。在联合爱迪生公司工作时，由于一次锅炉爆炸事故受伤，从而导致他先后患上肺炎和肺结核。可事故发生后他最终只获得了 180 美元的赔偿，这让他感到非常愤怒，曾给公司写过几封申诉信件，其中有一封信声称要让联合爱迪生公司因为其"懦弱行为"而遭到报复。

警方通过深入调查了解到，在康涅狄格州布里奇波特市，居住着大量的波兰移民，而寄出信件的威彻斯特县正是位于布里奇波特市与纽约之间。而米特斯基由于没有结婚，一直与他的两个姐姐住在这里。附近的邻居都称，米特斯基对人总是彬彬有礼，但很少与人来往。

掌握这一情况后，警方带着拘捕令在布里奇波特市附近的沃特伯里市对米特斯基进行了抓捕。

当时正值深夜，给警方开门的是一个看起来很慈祥、戴着金色眼镜框，穿着睡袍的男子。通报身份后，警方知道他就是乔治·米特斯基，于是命令他穿好衣服，之后要与他们回警局。随后，当米特斯基出来的时候，他穿着衬衣，打着领带，并穿着双排扣西装，而且系好了扣子。

当警方对他的车库进行搜查时发现，有用来制作炸弹的车床和管道。而在米特斯基的卧室中，警方还发现了打字机，那是他写最后一封信时所用到的。

在警局中，警察还未对米特斯基展开审问，他很快就承认了自己是"炸弹狂徒"的事实。同时，他告诉警方，信件中署名 F.P. 是公平游戏（Fair Play）的意思。

后来，法院认为米特斯基的精神状况无法接受审判，最终将其关在了专门看管精神病犯人的州立医院中。住院后没过多长时间，乔治·米特斯基就因为肺结核去世。

虽然布鲁塞尔教授的部分分析出现了错误，但是大部分的推断都是相当准确的，这引起了警方的关注。随后，警方邀请布鲁塞尔教授与一些心理学家组成了一个心理画像团队，以协助警方快速侦破案件。

\\\犯罪心理画像专家有话说

一般来说，当一起案件发生后，警方为了能够让案情明朗化，总会讨论罪犯的犯罪动机是什么：如果罪犯伤人，袭击的是认识的人还是陌生人？是随机伤人还是有预谋地伤人？作案工具是什么？作案手法如何？在弄清楚这些问题后，警方才能更快地搜寻和抓捕罪犯。

动机是一种心理状态，是促使人们朝着某个目标行动的内部动力。所谓的犯罪动机，是指促使犯罪分子实施犯罪行为的内心起因。一般来说，犯罪动机可以从案发现场推断分析出或是通过与罪犯交谈获得。上文中心理分析专家詹姆斯·A.布鲁塞尔教授通过对罪犯的信件内容进行分析，判断罪犯的所作所为可能是由于他被解职或是惩罚，从而让他的仇恨不断积累，产生报复心理，进而实施犯罪。

第二节　年轻女学生被奸杀——是蓄意谋杀还是临时起意

　　罗瑞·罗斯蒂是医学中心的一位漂亮的女大学生，她不仅成绩优异，各项成绩都是 A，而且还多才多艺，经常参加学校组织的才艺竞赛。因此，在医学中心里，很多同学都喜欢罗瑞。

　　一天晚上，罗瑞由于一些功课没有做完，直到很晚她才和一位男同学走出教室。随后，她与那名男生一起去车库开车。由于罗瑞手里提着袋子和一些书，于是，那名男同学礼貌地先陪着罗瑞去取她的车。随后，他们两个人去另一个车库取那名男生的车。

　　由于附近一带不太安全，那名男生提醒她，开车一定要多注意，将车门锁好。随后，那名男生便与罗瑞告别回家了。

　　可直到凌晨，罗瑞的家人也没有见到她，本以为她在好友或同学家住宿，但打电话后才知道大家都没有见到她，于是，罗瑞的家人非常担心地报了警。正当警方准备展开搜查时，有人打来报警电话，在距医学中心不到 800 米的铁轨旁边发现一具尸体。

　　警方闻讯后与法医火速赶到了案发现场，经勘查发现，死者是名女性，脸上遭到重击，身上有多处外伤。有证据显示，被害人还曾被汽车碾过。后经证实，这名被害人正是罗瑞·罗斯蒂。她的车门和后备厢都被打开，皮包也被人洗劫一空，只剩一个空包扔在了现场。不仅如此，经法医检查发现，罗瑞曾遭到好几个人的强奸。

　　起初，警方在调查的过程中对罗瑞的一名男性朋友产生了怀疑。通过调查了解到，这名男生与罗瑞是好朋友，可是，他们并不是恋人关系，而是关系暧昧，男生还曾追求过罗瑞，但罗瑞拒绝了他。因此，警方怀疑有可能是男生被拒之后恼羞成怒而对罗瑞起了杀机。

可是，那名男生却声称自己并没有杀害罗瑞，还称自己有不在场的证明。后来，警方深入调查发现，在罗瑞遇害的当晚，那名男生确实不在罗瑞身边，而是在另外一座城市中。

随后，警方又在医学中心调查罗瑞的人际关系。虽然有几个嫌疑人，但警方经过仔细排查后，并没有什么收获。他们又对罗瑞遇害的铁轨沿线的货车司机进行排查，同样无功而返。这让警方陷入了困境，不知道该从何处查起。

负责此案的警官汤姆·克罗宁向自己的老师——FBI心理画像专家罗伯特·K.雷斯勒寻求帮助，希望他能协助警方破案，并将罗瑞被杀的相关资料和报告寄了过去。

在仔细查阅各种资料和尸检报告后，雷斯勒了解到，罗瑞是在凌晨一点半之前遇害的，而她的尸体是在早上五点半被发现。另外，罗瑞的尸体被发现的地方附近有一个贫穷的黑人社区。

因此，他推断出，罗瑞在开车离开车库后，有可能在附近的路边停了车，而那附近正是凋敝的黑人社区。此时，有几个人便上前来抢她的车子。慌乱的罗瑞紧锁车门，但几名歹徒却破门而入。然后，他们强迫罗瑞将车开到某个隐蔽的地方，把她轮奸后又将其杀害，随后拿走了她的财物。

雷斯勒分析，罪犯的犯罪动机并不是蓄意杀害罗瑞，而是临时起意将其杀害。起初，他们可能只是为了劫财，然后才是满足自己的性欲，而谋杀则是为了避免事情败露。

而从尸检报告得知，被害人身上有不止一个人的分泌物。因此，雷斯勒推断，凶手应该是帮派或是同伙作案。于是，他向汤姆警官建议，在搜查的过程中，不妨多关注 3 ~ 6 人组成的年轻黑人团伙，年龄大概在 15 ~ 20 岁的男性。这些人之中有可能曾有犯罪记录或是入狱的历史，而且他们所住的地方离犯罪现场应该不远。

雷斯勒之所以会做出这样的推断，是因为在白人社区中，很多孩子都是同龄人在一起玩耍或出行。比如，都是 15 或是 18 岁的孩子。可是，黑人社区的情形却很不一样，各种年龄的孩子都会聚集在一起。而之所以分析罪犯有入狱的历史，是由于他们的强奸手法在监狱中曾经出现过。

由于之前警方在搜查的时候将重点锁定在被害人所认识的人身上，因此总是走进死胡同。如今，他们拿到雷斯勒的心理画像和分析后，立刻转变了调查方向。不久，案情就有了新的进展。

警方在犯罪现场附近的黑人社区提出了悬赏，要求民众协助警方寻找罪犯的线索，并注意与该谋杀案有关的一切信息。很快，警方根据民众提供的线索拘留了 4 个嫌疑人。

这 4 个人中最小的只有 14 岁，在警察局中，警察还没有对其展开审讯，他就承认了自己的罪行。另外两个十六七岁的男孩随后也向警方坦白了他们的罪行。后来，警方调查发现，这两个十六七岁的男孩曾有过 20 多次的犯罪记录，并且都曾进过少年感化院。不过，只有一个人坚决不承认自己的罪行，但有目击证人证实，看见他在案发前后曾出现在犯罪现场。

经过审讯发现，他们 3 个人的证词基本相同：在案发当晚，他们几个人在附近四处晃悠，本想拦车劫财。但是等了很久也没有看到有人开车经过，就在他们打算回去的时候，看见一名白人女子将车停在了一个路灯下。

于是，有两个人走上前，走到车子前面，并对那名女子挑衅地说，她一定不敢从他们身上碾过去。而此时，另外两个人则悄悄靠近车门，趁女子不备时，其中一人打开了车门。随后，他们 4 个人一拥而上，将其带到了铁轨旁边。

他们先是用木棍殴打被害人，但并不感到过瘾，又对其拼命地殴打，直到打得对方失去意识。随后，他们几个人对其进行轮奸。当被害人苏醒过来后，他们用水泥块猛砸她的脸部。将其打死后，他们还变本加厉地开车碾过被害人的尸体。随后，他们4个人就走回家了。

最后，法院判这4个人有罪，并立刻让其入狱服刑。而那个14岁的男孩由于年龄比较小，最终将其移交给少年感化院。

\ \ \ 犯罪心理画像专家有话说

一般来说，犯罪动机必须根据侦查所掌握的事实进行推理才能确定下来。不过，有的案件中犯罪动机是相当明显的，只需要简单的侦查或是不用侦查就能发现。因此在一起案件中，如果没有找到隐藏在犯罪背后的动机，那就不算完整的侦查。

那么，找到隐藏在犯罪背后的动机对侦查有哪些作用呢？主要包括以下几点：能够缩小犯罪嫌疑人的范围；可以间接提供与犯罪嫌疑人身份有关的情况；能够协助侦查人员将那些悬而未决的案件通过相似动机进行并案侦查；可以提供有关犯罪分子心理状态的相关信息；帮助侦查人员判断一起犯罪案件是否真的发生。

第三节 是谁"绑架"了年幼的孩子

一天下午，911 报警中心接到一个报警电话。电话是一位年轻的妈妈打来的，她向接线员哭诉称，快来救救她的儿子，她两岁的儿子被人绑架了。警方闻讯立刻赶到了案发现场，并对附近进行了地毯式搜查，但并未发现孩子的踪迹。而那名年轻的妈妈早已泣不成声，瘫坐在地上。

警方待她的情绪稍微平稳一些之后，询问了她事情的发生经过。她告诉警方，本来她准备带着儿子去市场购物的。可是刚要上车时，她的肚子一阵疼痛，于是她立刻转身，快步穿过停车场，走到公寓大楼后门的洗手间方便。

由于她在租住的花园公寓已经住了一段时间，大家彼此都很熟悉，因此在她去洗手间的时候反复叮嘱儿子，乖乖在门厅玩耍，妈妈很快就会回来。

可在 45 分钟之后，她从洗手间出来却发现孩子不在门厅。她本以为孩子可能跑到门外去玩耍了，她快步走出大楼，准备寻找孩子。可是，让她感到心惊的是，在停车场的地面上，儿子的一只针织手套被扔在那里。她立刻四处寻找，却没有发现孩子的身影。此时，她不由得心慌和着急起来，并立刻打了报警电话。

不久，媒体也获知了这一情况，并对案件进行了报道，希望民众协助警方找寻失踪的孩子。而孩子的妈妈也走进了电台播音室，声泪俱下地乞求绑架者将她的儿子还回来，在场的人，尤其是那些当了妈妈的工作人员都为之落泪。

虽然警方很同情这位年轻的妈妈，但仍然按照惯例对其进行测谎测试，她顺利地通过了测试。由于警方目前尚未掌握可靠的线索，而且他们深知儿童绑架案要与时间赛跑，分分秒秒都至关重要。因此，他们找到心理画像专家格雷格·麦克拉里，希望格雷格能够提供帮助。

格雷格在了解案情以及仔细听了911报警电话的录音后，他感觉情况好像不太对劲儿。此时，案情有了新的进展：年轻的妈妈收到了一个小邮包，上面只写了收件人的地址，却没有写回信地址。邮包里面也没附字条和信件，只有一只与她在停车场找到的针织手套配套的手套。顿时，那位年轻的妈妈再次崩溃了，失声痛哭。

当见到这一情况，格雷格对事情的真相了然于胸。他随后告诉警方，小男孩已经死亡，凶手就是他的母亲。警方相当不解，格雷格对自己的分析进行了详细的解释：

首先，这起案件本身就存在问题。没有任何人会比一个母亲更担心自己的孩子。可是，这位年轻的妈妈竟然将年幼的孩子独自留在卫生间外面这么长时间，这样做是非常不符合逻辑的。如果她不得不在卫生间里待这么长时间，为何不将孩子带进去或是临时做好安排呢？这是非常可疑的。

其次，根据911报警电话录音可以听出，那位年轻妈妈在报警时明确地说出有人"绑架"了她的孩子。处理过多起儿童绑架案的格雷格认为，对于大多数父母亲来说，他们一般都不愿接受这种可怕的假设。一般来说，当父母亲处于歇斯底里的悲痛情绪中时，他们往往会对报警中心说"我的孩子失踪""我的孩子找不到了"等类似的话。可是，这起案件的年轻妈妈却在报案阶段使用了"绑架"一词，表明她在事先已经想好了一切。

另外，通过媒体向众人垂泪乞求本是无可厚非的事情，也不能说明她有罪。一般来说，父母亲这样做完全是出自内心的做法，但是不可排除的是，少数人会居心叵测地这样做，这是他们的伎俩，以此打消自己的嫌疑。

在格雷格看来，最能说明问题的就是针织手套的寄回。通常情况下，儿童遭到劫持会有三个原因：一是绑架者是以勒索钱财为目的而将孩子掳走；二是被一些猥亵儿童犯掳走以达到性满足的目的；三是被一些情绪无常的人掳走，由于他们想要拥有一个属于自己的孩子，便会迫不及待地绑架他人的孩子。

如果是第一种原因，绑架者必然会通过电话或书信与孩子的家人联系，以此提出他们的赎金要求。可是这三种原因下，罪犯都不会只将孩子的物品寄回来，以此告诉其家人孩子已经被人绑架。如果绑架者必须向孩子的家人证实这是一起绑架案，必然在寄回孩子物品时还会伴随提出赎回孩子的条件。

因此，格雷格认为，这位年轻妈妈只是根据自己想象中的绑架案的模式布置了一起假绑架案。

而她之所以这样做是事出有因的，并会在此过程中说服自己这样做是没有任何错的，因此，她才能轻易地通过了测谎测试。因此，格雷格决定对孩子妈妈重新做测谎测试，并从联邦调查局请来一位资深的测谎专家。另外，在进行测谎测试前，格雷格故意让孩子妈妈知道她已经成为嫌疑人。

果然，这次结果与上次完全不同。在测谎专家针对性的审问下，孩子妈妈终于承认了犯罪事实——是她亲手杀死了自己年幼的孩子。随后，她带着警方找到了孩子的尸体。

其实，格雷格在深入了解案情后就已经分析出这位年轻妈妈杀害自己孩子的犯罪动机：由于她是一名年轻的单亲妈妈，而孩子成了她的拖累，导致她享受不了20多岁时应该享受的一切快乐。在此期间，她可能认识了一个自己喜欢的男人，当他们准备建立自己的新家庭时，男人却不想让那个孩子与他们共同生活。

孩子的尸体被埋在树林深处，警方发现，他的身上穿着滑雪衣，被裹在毛毯里，而且在外面还严严实实地套着一个厚厚的塑料袋。这与格雷格之前推断的情况完全相同。如果是绑架者或是猥亵儿童犯，他们绝对不会如此费心地让孩子感受到"温暖"，更不会考虑不能让孩子的尸体遭到风吹雨打。很多谋杀犯罪现场都会显示出作案者的愤怒之情，抛尸现场则能够反映作案者的敌意，而这种埋葬方法却表示作案者的爱意和深深的负疚感。

\ \ \ 犯罪心理画像专家有话说

有心理学家表示，犯罪动机不仅能够从案发现场推断出来，还可以通过与目击者的交谈获得。另外，还可以通过对犯罪现场的研究和犯罪现场的再现以及对犯罪嫌疑人在犯罪前后的行为进行分析，都能够判断出犯罪动机。

上文中犯罪心理专家格雷格通过年轻妈妈打来求救电话的录音以及对她在犯罪前后的行为分析，判断由于她是一位年轻的单亲妈妈，孩子成了她的拖累和情感的绊脚石，导致她享受不了应该享受的快乐，因此推断出了她杀害孩子的犯罪动机。

第四节　狡猾的绑匪——与警方的"游戏之战"

1991 年 7 月 9 日，18 岁的朱莉·达特像人间蒸发一般，突然在约克郡利兹消失不见了。她的家人和男友四处寻找她，但没有发现她的任何踪迹。于是，他们立刻向警方报了案。

正当警方搜寻达特时，两天后，达特的男友接到一封来自剑桥郡亨廷顿的信件，信上的字迹看起来是达特写的。信中写道，达特已经被绑架了。达特男友立刻将这封信送到了警局。此时，警局也收到一封信，声称一名女性已被绑架，并要求警方分别向两个账户支付 14 万英镑和 5000 英镑。如果警方没有按照信上的要求去做的话，他就会杀死那名女性，而且还会在英国某个重要城市的超市中投置燃烧弹。同时，信中也交代了很多细节：要求一名女性警官在伯明翰新街的火车站，在某一个特定的电话亭等待电话，电话中会告诉她付款的具体指令。

7 月 16 日，一名女性警官到达指定的电话亭附近。可是电话响起后，她接起电话里面却没有声音。对此，警方认为这是绑架者在戏弄他们。

4 天后，有人在林肯郡发现了达特的尸体。警方与法医火速赶到案发现场，经法医检查发现，达特的后脑被钝器击打了两次，凶手将她打晕后勒死了她。另外，法医还发现，达特身上没有遭到性侵的痕迹，而且根据死亡时间推算，她大概是在 10 天前被杀害的。对此，警方推测，绑匪在发出那两封信之前，他就已经杀害了达特。

3 天后，警方又收到一封信，信中声称对于达特的死他表示很遗憾，但达特之所以会死是因为警方没有接听电话。同时，他再次要求警方派出一名女性警官在另一个特定的电话亭等待电话。

此时，负责此案的警司鲍勃·泰勒决定不再受绑匪的牵制，而是主动出击。于是，他联系英国著名犯罪心理画像专家保罗·布里顿前来协助调查此案。

布里顿在详细了解案情后分析，绑架者的犯罪动机并不是为了钱财，而是为了与警方展开一场"游戏之战"。因为从他寄来的信件中可以看出，信中的内容就像有条件的购物清单。比如，在信中罪犯交代，钱应该如何包裹，警方应该使用何种塑料袋，包裹的尺寸是多大，绑匪之所以写得如此具体、烦琐，表明他是一个想要完全控制对手的人。

另外，罪犯认为自己很聪明，因此他希望警方能够尊重他。从信中还能看出绑匪对做这些事情很感兴趣，并且非常享受，可能这起案件他准备了很长时间。

随后，布里顿为罪犯做出了初步的心理画像：男性，年龄大概在 50 岁左右；智商中上等，但有可能没有上过大学；绑匪比较熟悉电子产品和机器，尤其在理论方面；可能结过婚，但却无法维持这段关系；有过犯罪记录，多半是与财务有关的诈骗等罪名；了解警方的办案流程，并为警方设置陷阱。

布里顿还指出，绑匪其实从一开始就计划杀死朱莉·达特，他这样做是希望警方能够重视他。而关于绑匪的藏匿之所，布里顿推断，他可能住在发现达特尸体附近的地方。

正当警方与心理画像专家布里顿分析案情时，警方又收到了一封来自利兹的信件。写信人声称自己在火车上思考了 24 个小时，列举出自己在 14 种不同的情境下所面临的风险，并算出自己与警方对垒时胜出或失败的概率。面对这封信，警方不得不佩服布里顿的分析相当准确。

另外，写信人还告知警方，不久还会有一名女性遭到绑架，并要求警方在

8月6日准备接听他的电话。结果，罪犯依然没有打来电话。警方感到再次被耍了，因此，他们决定一定要抓住这个嚣张的作案者。

紧接着，在8月8日，警方又收到一封用打字机打好的信件。在信中，罪犯又向警方发出新的指令，要求一名女性警官在8月14日在某个电话亭接电话，到时再给新的指示。这次绑架者没有爽约，当女警官接到电话时，电话那端传来一名男性的声音，他声称，自己在萨福克郡伊普斯维奇绑架了一名叫萨拉·戴维斯的妓女。

为了验证这一消息的真假，警方立刻与伊普斯维奇的警察局联系。可是，当地警局并没有接到有关妓女失踪的案件。

然而，在第二天早上，有人在约克郡的一座废弃的铁路桥下发现了一个很奇怪的东西——一块被涂白的砖头上贴着一封信，旁边还有一个银色的小盒子，盒子上有两个红色的灯和一个突出的线圈，好像一枚炸弹。

为了慎重起见，警方向拆弹部队寻求帮助。拆弹部队检查发现，这并不是炸弹，而是被设计成炸弹的样子。随后，他们将盒子销毁，将那封信取了下来。信中指示，找到信的人可以前往附近高速路的一座人行天桥上。按照指示，警方在那里又发现了一块被涂白的转头。不过，这块砖头上却没有信件。

对此，警方认为，罪犯这一系列安排实在是狡猾至极，他是想让携带赎金的人从一个地点转移到另一个地点，以此在远处观察携带赎金的人是否有警察跟踪。

不久，一封信从葛量洪市寄给了林肯郡警方。信中写道：游戏已经终止，你们可以选择结案了，直到我开始下一个游戏为止。你们肯定也已经调查到，我没有从伊普斯维奇绑架任何人。

之后的两个月，警方再也没有收到信件。可是，罪犯蛰伏一段时间后又开始行动了，他又开启了新的"游戏"。不久，英国铁路收到一封信，信中要求他们拿出 20 万英镑，否则就会让火车脱轨。与之前的信件内容相同，虽然罪犯要求派人前去接听电话指示，但最终却没有按照约定进行联系。

1992 年 1 月 22 日，负责此案的警司鲍勃·泰勒收到一个消息：伯明翰一位名叫斯蒂芬妮·斯莱特的房地产中介在带领客户看房子的时候被绑架了。第二天，斯莱特的公司收到一封信，信件的风格与之前的几封信如出一辙，要求公司经理凯文·瓦特尽快支付 17.5 万英镑的赎金，否则就将人杀害。

由于这起案件发生在伯明翰，约克郡的警方不能插手此事，只能由当地警方来负责。因此，当地警方要求凯文·瓦特按照信件的要求去做，并在其车上装上了无线电，以便于他们跟踪。可是，在当天，当瓦特开车到罪犯所说的地方时，却大雾弥漫，导致警方无法准确地追寻他的行踪。

最后，瓦特只好按照绑匪的要求，将钱放在一座废弃的桥中间的木板上。而这座桥与之前发现白色砖头和信件的那座桥相距近 5000 米，这两座桥跨越的是同一条废弃的铁路。

后来，警司鲍勃·泰勒与心理画像专家保罗·布里顿赶到了罪犯指定的地方。他们通过勘查犯罪现场分析，在那座废弃的桥下，罪犯当时就藏匿在那里，当钱被放在木板上之后，他就用绳子把木板和钱拽下来。同时，布里顿还指出，罪犯对铁路系统相当了解，因为在之前的信件中他曾提到可以让火车脱轨，表明罪犯有丰富的铁路技术方面的知识。

不久，被绑架的斯蒂芬妮·斯莱特被罪犯放了回来，她没有受到任何伤害。斯莱特声称，在她被绑匪蒙住眼睛之前，她看到了他的长相，并看到了他的身上有铁路的徽章。同时，她也听到了他说话的声音。

随后，警方根据斯莱特的描述以及布里顿的分析绘制出了罪犯的画像，并通过媒体对外发出公告。很快，有个女子打来电话称，公告上的画像很像她的前夫迈克尔·萨姆斯，他目前住在诺丁汉郡纽瓦克，开着一家工具修理铺。后经警察调查发现，萨姆斯的店铺离发现达特尸体的地点仅有 48 千米的距离。另外，萨姆斯的前妻还称，他非常喜欢研究铁路系统，家中的墙上贴满了各种各样的铁路标志。

此时，还有一位目击证人打电话称，曾看见一个与媒体公告画像很相像的男人在发现达特尸体附近的地方出没。

根据这些线索，警方立刻来到纽瓦克。而让警方意想不到的是，迈克尔·萨姆斯看到警察后一点都不惊慌，反而镇定地说："我一直在等你们。"随后，警方在萨姆斯的店铺中找到了大量的犯罪证据：打字机、赎金等。

起初，在接受审问的时候，迈克尔·萨姆斯相当狡猾，声称是"另一个男子"杀死了达特，并用自己的打字机制作信件交给警方。但后来在铁证如山的证据面前，他不得不承认了自己的犯罪事实。

\\\犯罪心理画像专家有话说

心理画像专家表示，在破案的过程中，警方除了通过尸检报告来获取相关的线索外，通过勘查犯罪现场也能获得非常重要的线索。比如，有目击者的证词、在不同角度下拍摄的犯罪现场的照片以及犯罪现场中遗留的某些物品等。

另外，为了重构犯罪案件的过程和结果，警方还会在勘查犯罪现场时绘图表明尸体的位置、使用过的弹壳或是其他武器的位置等，还有一些比较重要的细节，比如，现场有可能出现的打斗痕迹、轮胎印记、足迹、子弹飞行的弹道等。在勘查犯罪现场时越详细，对警方侦破案件越有帮助。

第五节 FBI 工作人员被杀——凶手目的何在

唐娜·林恩·维特尔是联邦调查局外勤站的一名速记员，从小在农场长大的她性格温和，因此深得同事们的喜欢。不幸的是，一天晚上，维特尔在租住的公寓中竟然遭到残忍的杀害，这让联邦调查局的同事感到非常震惊：是谁竟敢杀害联邦调查局的人？凶手目的何在？

联邦调查局的局长立刻派两名特工罗伊·黑兹尔伍德与吉姆·赖特火速赶到案发现场破案。在赶往现场的途中，他们仔细地查看了唐娜·林恩·维特尔的资料。

维特尔是一个22岁的白人，从小就生活在农场。虽然她在联邦调查局已经工作了两年，但在大半年前才搬到城里居住。她如同一个涉世未深的小女孩，根本不了解城市生活所面临的危险。在找房子的时候，她没有经过多方比较，只是在一个黑人和西班牙裔居住的工业区随意选择了一套公寓。

不过，贴心的公寓管理员考虑到安全因素，特意在每位单身女性租住的公寓门外上方安装了一个乳白色的灯泡，希望保安人员能给她们特殊的关照。虽然这是公寓管理员的良苦用心，但时间久了，就会被他人发现其中的名堂。

另外，他们还对维特尔进行了详细的调查。从家人、同事、邻居那里了解到，她是一个性格腼腆的女生，为人诚实，待人温和，而且还是一个虔诚的宗教信徒。由于在严格的宗教环境下长大，她对自己的信仰非常认真。虽然她算不上是个有魅力的女孩，也不喜欢参加各种社交活动，与同事来往也比较少，但维特尔的同事都称她是一个非常认真、勤奋的女孩，因此，大家都比较喜欢她。

通过调查，特工发现维特尔并没有任何违法行为，也没有与任何"不正经的人"有来往。在其租住的公寓中，没有发现任何烟酒、毒品等。

特工从警方那里了解到，他们是在晚上11时之后接到报案的。当时，住在公寓中的一名住户发现维特尔的窗纱被扯掉了，于是打电话告诉了公寓的保安人员。当保安人员前来查看时，才发现维特尔在家中被害，随即报了警。

警方赶到现场后发现，维特尔全身赤裸躺在那里，满身都是鲜血，脸部遭到了殴打，身上有多处刀伤。后来法医解剖尸体发现，维特尔遭到了强暴。

罗伊和吉姆仔细查看了犯罪现场，作案者是从窗户强行闯入房间中的，而且在进去时还撞倒了旁边的盆景；电话线被拔出，有可能是凶手担心被害人报案而将其从插座中拔出；餐厅的地毯上和厨房的地板上都有触目惊心的大片血迹，这表明行凶者有可能就在这里杀害了维特尔；从地上的血迹来看，被害人是被行凶者从厨房拖进了卧室；而从被害人的伤口来看，被害人可能是在自卫的情况下想要跑到厨房去拿刀，但却被凶手夺走，转而用来对付她。

维特尔血迹斑斑的衣服是在厨房角落里被发现的，内裤与连裤袜卷成了一团，这表明她躺在地上时被凶手强行脱下衣服。

罗伊与吉姆在查看现场后，发现了一个特别的地方：虽然房间里到处都有血迹，但有一处血迹却引起了他们的注意——紧靠卫生间门口的血迹。而在卫生间的抽水马桶中，还有尚未冲走的小便。

对此，他们分析，当行凶者闯入房间中时，维特尔必然是在卫生间中。当她听到响声后立刻站了起来，没有来得及放水冲马桶就走出去，想要查看一下情况。当她刚走出卫生间门时，凶手就对她的脸部猛打一拳，试图将其打晕。

另外，吉姆和罗伊还在维特尔卧室的坐垫下发现了藏起来的凶器——一把菜刀。根据凶器他们推测，行凶者闯入公寓的动机并不是蓄意杀害维特尔。同时，作案者也没有拿走任何一件贵重的物品，这表明他的目的并不是盗窃。从现场种种迹象来看，行凶者闯入公寓的目的是强奸。如果行凶者的犯罪动机是杀害维特尔的话，他大可不必拔掉电话线。

从被害人的受伤程度和现场来看，行凶者是个脾气暴躁的硬汉，智力平庸，不懂得社交技巧，不会用言语控制他人，并且缺乏自信心。他虽然知道要从一开始就控制住维特尔，但结果却力不从心，没想到维特尔这个如此温和文静的女孩却会如此拼命地反抗。对于行凶者来说，他并不知道被害人是这类人。她激烈的反应让他无法控制局面，从而处于失控的状态，愤怒之火也随之越来越旺盛。最终，从企图强奸演变成了杀害。

而从案发现场的拖痕看出，行凶者的怒火并非是短暂的，而是持续性的。他在厨房对维特尔攻击后，将其拖到了卧室，在她奄奄一息、血流不止的情况下对其实施了强暴。

罗伊与吉姆通过对现场的分析，对行凶者做出了初步的心理画像：在众多的性侵犯案件中，一般被害人是白人，罪犯也是白人。不过，由于维特尔居住的地方以黑人和西班牙裔人为主，而白人女性遭到其他种族男子强奸的案件也时有发生，因此本案也很可能是其他人种所为。行凶者年龄在20 ~ 27 岁左右。

行凶者没有结婚，但有可能和某个女人生活在一起，并且在经济上依赖于她。虽然罪犯的智商一般，在学校成绩也一般，可是在外面与人打架时却不会让自己吃亏，他会摆出一副不好惹的硬汉架势。而在衣着打扮方面，他会选择尽可能好的衣服。另外，行凶者比较喜欢运动，以让自己的身体看起来更加强健。

罪犯有可能居住在价格低廉的出租单元房中，而且是住在离案发现场不远的地方，步行就能够到达案发现场。他的工作可能是做某种粗活，由于脾气火爆，可能与同事或上司经常发生冲突，也可能没有参过军。即使参军了，也由于暴躁的脾气很快退伍。另外，罗伊与吉姆还认为罪犯有可能有偷窃和暴力的犯罪记录，并且还有强奸的前科。由于罗伊是研究强奸犯罪的专家，经验丰富的他更加断定行凶者必然有这方面的犯罪记录。

他们还对罪犯在行凶后的一些行为做出分析和推测，他有可能会经常旷工或是酗酒，抑或是减轻体重和改变自己的容貌。最为重要的是，这类罪犯有可能还会向自己的家人或亲密好友吐露自己的罪行。因此，罗伊与吉姆认为，可以抓住罪犯这一点，从而将其缉拿归案。

另外，罗伊与吉姆推断，罪犯必然会密切关注新闻报道以了解案件的进展情况，因此，他们决定接受媒体的采访，将罪犯的心理画像公之于众。他们坚信，不管罪犯将自己所犯的罪行向谁谈起过，此人的处境都非常危险，因为他掌握了凶手的把柄。所以，他们通过媒体向公众宣传：如果发现自己已深陷险境，请尽快与警方联系，否则一切都太迟了。但是对于分析出来的种族因素，他们却秘而不宣，担心万一推测有误，会误导侦查人员的调查方向并引起其他种族的不满。

果然，不到半个月，罪犯的抢劫同伙就给警方打来了电话，提供了凶手可能藏匿的地方。最终，罪犯被警方缉拿归案。而罪犯几乎就是罗伊与吉姆所分析的那样：他是一个 22 岁的黑人男子，他所居住的地方离案发现场仅隔 4 个街区；单身，与姐姐在一起，并在经济上依赖于她；在凶杀案发生时，他因为强奸罪正在服缓刑。

\ \ \ 犯罪心理画像专家有话说

有心理学家分析，强奸案与其他案件一样，都是由多种复杂的因素造成的。而强奸行为以及其他的相关行为都能满足犯罪分子的心理动机。一般来说，典型的强奸案分为三种类型：力量型、愤怒型、性虐待变态型。在这几类攻击行为中，罪犯的目的并不是伤害被害人，而是对她们的占有和征服，因此，他们会通过暴力手段来达到这一目的。

上文中的罪犯就属于愤怒型，由于暴躁的性格，他起初的犯罪动机是实施强奸，但由于被害人激烈的反应导致他无法控制局面，从而让其属于失控的状态，进而从企图强奸演变成凶杀。

第七章

笔迹、录音认凶手

第一节　恶名昭彰的凶手——"伦敦开膛手"杰克

1888 年 8 月 7 日，在伦敦东区白教堂附近，总会看到成群的牛羊被赶往屠宰场，道路上到处都是垃圾和粪便。街道边的公寓中，拥挤地住着大批移民。在这鱼龙混杂的地方，为犯罪的滋生提供了温床。

凌晨，有人在路边发现一个女人躺在地上，本以为是醉酒的人露宿街头，但发现她身边有大量的鲜血后，人们随即报了警。警方闻讯赶来发现，被害人被残忍地杀害了：身上中了 39 刀，其中 9 刀划过其咽喉。后经警察调查得知，被害人名叫玛莎·塔布连，是一个中年妓女。让警察不解的是，到底谁和她有这么深的仇恨，如此残忍地将其杀害？

正在警方深入调查时，同年 8 月 31 日凌晨，又一个名叫玛莉·安·尼古拉斯的 43 岁妓女遭到杀害，她也是在白教堂附近遇害的：脖子被砍了好几刀，脸部有多处淤伤。更为残忍的是，她的腹部被剖开，鲜血染红了附近的街道。

这两起案件引起了警方和大众的关注，有媒体甚至称之为"白教堂连环凶杀案"，并认为是同一名凶手所为。因为在此之前，也发生了几起女性遭到袭击的事件，但警方从案情和验尸报告来看，认为这两起案件与之前的案子存在很大的差别。

最初，警方在调查的过程中，通过目击者提供的线索得知，附近有一个以敲诈妓女为生的犯罪团伙，并在追查时接触到一个绰号叫"皮围裙"的犹太鞋匠。据媒体报道称，他身材消瘦，眼睛很小，时常戴着一顶紧裹着头的帽子，留着小胡子，下身总是套着一个皮围裙，年龄大概 38 岁，嘴角时常会露出邪恶的微笑。他总是强迫妓女向他交钱，如果不给钱就会殴打她们。可是，当媒体对其报道后，他却突然销声匿迹了。

由于当时的警方还没有法医技术的协助，指纹、血型等鉴定技术也不存在，因此让警方陷入了一筹莫展之际。不久，猖狂的凶手再次犯案。

在 8 天后的早上，有位老车夫在一个廉价出租公寓的后面发现了一具女尸。她也是被割开了喉咙，并遭到了剖腹，颈部还有明显的勒痕。经过警方调查得知，死者名叫安妮·查普曼，今年 47 岁。

警方在案发现场附近发现，那里只有一个水龙头，并没有发现有洗手或洗凶器的痕迹。查普曼遇害时，在这座公寓中有 5 人的窗户正对着案发现场，但奇怪的是，并没有人听到异常的声音，也没有发现可疑的人出现。

接二连三的谋杀案发生之后，媒体对其大肆宣传，这让住在白教堂附近的居民感到非常恐慌，每天都是提心吊胆地生活，到了晚上更是不敢出门。同时，人们也感到非常愤怒，指责愚笨的警察迟迟抓不到凶手，并且质疑政府的办事能力。

其实，警方并不是没有深入调查。之前警方已经抓住了那个外号"皮围裙"的犹太鞋匠，他的名字叫约翰·皮泽尔，但由于没有足够的证据证明他是谋杀案的凶手，只能证明他曾经卷入一起持刀伤害他人的案件，从而判其服 6 个月的苦役。可是，很多人怀疑他与几起谋杀案有关，导致他不得不躲起来。

事实证明约翰·皮泽尔确实不是凶手，警方深入调查后得知，虽然他看起来很让人生厌，但在死者遇害时，他有不在场的证据，有证人也可以为此提供证明。

虽然还有一些人被列为嫌疑人，但他们大多是酒鬼或是有怪癖的人。喝醉后就四处吹嘘自己杀了人，但警方调查后却发现他们根本不在案发现场。这给警方的办案增加了难度和工作量，从而使得他们不得不花时间调查这些冒牌的嫌疑人。

正当警方展开调查时，1888 年 9 月 25 日，中央新闻社收到了一封用红墨水书写的来信，信上还盖有指纹。这封信是以"亲爱的老板"开头，在信的最后署名为"开膛手杰克"。来信者用戏谑的态度表明自己就是连环谋杀案的罪犯，并挑衅地表示，如果不将他逮捕，还会有更多的妓女遇害。

起初，新闻社的编辑以为有人在搞恶作剧，并没有在意，直到第二天才交给警方。警方在查看信件时发现，其中提及了谋杀案中的一个细节。因此，警方借助媒体将这封信公开，希望有人能够认得信中的笔迹，但结果却徒劳无功。最后，经警方调查得知，这封信其实是一名当地记者的骗局。

虽然一段时间后白教堂附近渐渐恢复了正常的生活，但谋杀案并没有就此结束。1888 年 9 月 30 日凌晨，有人又发现一名被害人。一个 44 岁的瑞典裔妓女，名叫伊丽莎白·史泰德，她也被罪犯残忍地割喉，但她没有遭到剖腹，最终由于动脉失血过多而死亡。当警方赶到时，她尚有体温。

警方对案发现场进行勘查后并没有发现搏斗的痕迹，被害人的衣服也比较整齐，不像之前的几名被害人那样衣衫不整。另外，也没有找到任何线索和凶器。警方询问附近的民众，他们声称并没有听到异常的响声，也没有发现可疑的人出现。

由于这起谋杀案与之前的作案手法不同，因此，警方猜测此案与之前的剖腹谋杀案可能并没有直接的关系。

当大批警察在伊丽莎白·史泰德尸体现场勘查时，又一名 46 岁的妓女凯萨琳·艾道斯的尸体被人在主教广场上发现。不过，她除了被割喉、剖腹外，还被罪犯夺去了部分子宫和肾脏。警方和法医经勘查发现，此次罪犯行凶手法相当利落，不逊于专业的外科医生。随后，警方在搜查的时候，有警员还在附近发现了一件沾满血迹的衣物。后经法医鉴定，是被害人凯萨琳·艾道斯所穿衣物的一部分。

10月1日，中央新闻社再次收到了一张明信片，内容同样是用红墨水写的，信中自称是"调皮的杰克"，并署名为"开膛手杰克"。他们立刻将这封信交给了警方。警方将其制作成副本送到每一个警察局，希望有人能够认出信件的笔迹，但没有任何结果。只能根据笔迹推断，前后两封信有可能来自同一个人。

紧接着，在10月16日，白教堂警戒委员会也收到了一封信，再度引起了警方的注意。在来信中附有半颗肾脏，并称这是来自某个女人的。警方立刻将其联系到被害人凯萨琳·艾道斯身上，因为她的肾脏就被罪犯割走了。不过，这封信是用黑色墨水书写的，写信者自称"来自地狱"。

这封信与之前的两封有所不同，没有任何署名。警方分析，这封信有可能就是凶手所写的。因为之前的两封信中虽然提到谋杀案中的某些细节，但有可能是从媒体上获知的，并不是凶手所写的。同时信中充满了理性思维，但有些矫揉造作，不像罪犯的口吻。一百年过后，FBI心理画像专家在研究这起案件时，也认同当时警方的分析。

自此，白教堂附近的居民感到更加恐惧和不安。大多数妓女也不敢在晚上四处游荡，街道上的巡逻警察也多了起来。可是，"开膛手杰克"依然没有停止残忍的犯罪活动。

11月9日，一名25岁的妓女玛莉·珍·凯莉在出租房中被人杀害。警方闻讯赶到时发现，凯莉全身赤裸惨死在床上，颈部有勒痕，胸部和腹部都被剖开。当警方询问附近的居民有无发现异常情况时，有目击者称，在11月8日晚上10点时还曾看到凯莉出现在酒吧；还有人称，在案发当天凌晨4点左右听到一名女性凄惨的叫声。

连续的凶杀案让警方焦急万分，他们对所有目击证人的证词进行整理。经过整理发现，这一系列凶杀案存在很多共同的地方：被害人都是社会最底层的妓女，除了凯莉，她们都是居无定所；被害人都曾结过婚，但后来都离开了家庭而混迹在白教堂附近；除了凯莉外，其他被害人在遇害前都有目击者看到她们在街上活动，并喝得酩酊大醉；除了凯莉遇害时有邻居听到了叫声，其他被害人的案件中都没有任何异常的声音或可疑的人物出现；所有被害人在生前都没有剧烈的挣扎迹象。

随后，警方对每一条有可能的线索进行深入调查，可是，结果却不了了之。但在玛莉·珍·凯莉命案发生后，"开膛手杰克"似乎也销声匿迹了，伦敦再也没有出现过类似的命案，媒体对此案也渐渐失去兴趣。由于警方动用大批警力却迟迟无法侦破案件，导致维多利亚女王也备受批评。最后，在1982年，警方宣布停止侦查"开膛手杰克"凶杀案。

但在白教堂连环杀人案发生100年后，很多心理画像专家和研究者通过对"开膛手杰克"的作案手法深入研究后，推断出关于罪犯的一些特征：由于犯罪时间大多是在周末或晚上，表明罪犯有固定的职业，而且是单身居住；罪犯对解剖学知识很了解，由于当时的环境没有任何照明而且时间紧迫，而从被害人受伤的程度来看，罪犯对用刀非常熟练，有可能是个有经验的医生或是解剖学者；罪犯的社会存在感比较弱，不会引人注目。

另外，在白教堂连环杀人案发生后，警方还收到"开膛手杰克"寄来的录音。虽然当时的警方认为这就是罪犯的声音，但在100年后，FBI心理画像专家罗伯特·K.雷斯勒和约翰·道格拉斯在听到那段录音后却认为，这段声音并不是凶手的。后来，声纹专家经过分析鉴定也认同雷斯勒与道格拉斯的观点。

\\\ 犯罪心理画像专家有话说

1963 年，科学家劳伦斯·科尔斯塔通过对声音的音量、音高、共鸣等方面的研究，总结出一种使用频谱图的方法来识别声音的规律。频谱图主要分成 4 个部分：高质量的电磁录音机、频率过滤器、录音带的扫描滚筒、热敏纸上记录输出的电子针。频谱图的输出能够将其记录到电脑上，从而对其进行详细的分析。

科尔斯塔曾表示，每个人的声音都是非常独特的，其动态规律、吐字方法也各有不同，因此声纹分析专家会通过声纹来识别他人的声音。

在研究声音独特性的过程中，科尔斯塔曾记录 5 万人的声音，虽然很多人的声音听起来好像没什么不同，但频谱图却可以清楚地指出它们之间的区别。

在众多谋杀、勒索、贩毒、爆炸等案件中，美国声纹专家针对声纹已经处理过 5000 起案件。不过，声纹的使用需要在警方已经有了嫌疑人名单的基础上，否则用处不大。但同心理画像一样，声纹分析师在声音中发现的特点对调查工作可以起到很大的促进作用。

第二节　高学历"连环杀手"——泰德·邦迪

1973 年 12 月 6 日，在静谧的麦肯尼公园中，一个年轻人在散步的时候在公园僻静的地方发现了一具被肢解的尸体。顿时，吓得那个年轻人连连后退，并惊慌失措地报了警。

警方闻讯赶到现场后，发现被害人是被勒死的，并且凶手对其实施了性侵犯。随后，罪犯还残忍地将被害人的喉咙割开。但警方对现场进行仔细搜查后却没有发现任何有价值的线索，只在后来调查时才知道被害人是 15 岁的凯西·迪瓦恩。

正当警方调查这起谋杀案时，另一名被害人乔尼·莉茨的尸体被人发现。警方勘查现场发现，这起谋杀案的作案手法与一个月前遇害的凯西·迪瓦恩极其相似。因此，警方怀疑凶手有可能是同一个人。可是，这个猜测并没有得到进一步的验证。

1974 年 1 月 31 日，一个名叫琳达·安·希利的女生失踪了。警方接到报案后对她所居住的公寓进行搜查。经搜查发现，琳达的枕头上有血迹，可床垫和枕套却消失不见了。另外，衣柜中的睡衣领口也有血迹。除此之外，警方再也没有找到有用的线索。这让警方陷入了困境，调查起来也毫无头绪：不知道琳达到底是被绑架了，还是已经被杀害了。

紧接着，这类失踪案在犹他州、俄勒冈州和华盛顿州时有发生。被害人大多是白人女学生，身材修长，留着长发，单身住在公寓中。失踪的时间大多是晚上，而且失踪者穿着很随意，并不像是出门与朋友约会的样子。

警方在对此类案件进行调查时，很多目击者说法不一，有的人称曾看见失踪的女生与一个手上打着绷带的男子交谈过；有的人则称，曾看见一个腿上打着绷带的男子向一些年轻的女性询问问题；还有的人说，曾看见一个男子声称自己的车坏了，向一些女性请求帮助。

不过，在调查的过程中，警方还是掌握了一条关键但用处不大的线索。两名女生珍妮丝·奥特和丹妮斯·尼斯伦是在同一天失踪的，她们俩在失踪前，有目击证人看到她们都曾与一个英俊的年轻男子交谈过，并且听到那名男子自我介绍为"泰德"。而失踪的这两名女生互相并不认识，这表明罪犯是在一天之内作了两起案件。

因此，警方怀疑这个名叫泰德的男子就是杀害两名女生的凶手。可是，在美国名叫泰德的男子太多了，如果要进行调查的话，不仅是一个巨大的工程，而且相当有难度。另外，警方还不确定泰德这个名字是不是罪犯使用的化名。

正当警方深入调查名叫泰德的嫌疑人时，一个名叫卡罗·德洛克的女生戴着手铐跑到了警察局，她声称有一个名叫罗斯兰的警察要杀她。可是，警察局中根本没有叫罗斯兰的警察。当警方安抚好其情绪后，才弄明白事情的原委：

原来，卡罗在书店遇到了一个英俊的男子，他告诉卡罗刚刚在外面看到有人在偷她的汽车。卡罗以为他是书店的职员，就跟着他出去一探究竟。但到了停车场，那个男子声称自己是警察，需要卡罗同他回警局协助调查。卡罗有些迟疑，那名男子便拿出自己的证件，声称自己是罗斯兰警官。

于是，卡罗跟着他上了车，但她还是心存疑虑。在车子发动后，她发现汽车没有向警察局的方向行驶，而是去了相反的方向。开了没多久，那名男子突然停下车，用手铐铐住卡罗。卡罗更加觉得不对劲，她伺机寻找逃脱的机会。后来，趁那名男子不注意时，卡罗迅速打开车门逃了出去。在好心人的帮助下，她被送到了警察局寻求帮助。

对此，警方怀疑，那个自称罗斯兰的男子很有可能就是几起谋杀案的凶手泰德。

1975 年 8 月 16 日，在盐湖城巡逻的鲍勃·海伍德警官发现了一辆褐色的"甲壳虫"汽车从身边疾驰而过。由于鲍勃在当地巡逻已久，对本地的车辆非常熟悉。当他看到这辆车时，经验丰富的他不免觉得可疑，因为这辆车他从来没有见过。于是，他准备上前拦住这辆车，按照惯例询问一下。

谁知，那辆"甲壳虫"汽车却突然加速，想要摆脱鲍勃的追逐。这让鲍勃感到更加可疑，他立即加速追了过去，并打电话叫增援。追过两个路口，鲍勃才将这辆车逼停。从车里走出来一个英俊的小伙子，他出示的驾照证件显示名字是西奥多·罗伯特·邦迪。此时，增援的警察也赶到了。

于是，他们开始对邦迪的汽车进行搜查。搜查发现，邦迪的车后排竟没有座位，而在车中的行李箱里却发现了绳子、电线、一根撬棍、手铐、一个用长丝袜做成的面具等。因此，警方以涉嫌盗窃罪将其逮捕。

在对邦迪进行调查的时候，车内的手铐引起了警方的注意。这副手铐与一名幸存的被害人卡罗·德洛克手上的手铐一模一样。另外，卡罗曾对警方说过，那个自称罗斯兰的男子当时就开着一辆"甲壳虫"汽车。因此，警方怀疑邦迪并不是涉嫌入室行窃这么简单，他可能与之前的几起谋杀案脱不了干系。

随后，卡罗来到了警局认人。果然，不出警方的意料，卡罗很快从几个人中认出了邦迪。不仅如此，警方还在邦迪的"甲壳虫"汽车中发现了几名被害人的头发。通过深入搜查发现，大量的证据都表明邦迪就是一系列谋杀案的凶手。于是，警方将邦迪逮捕归案，

邦迪在接受审判时被关押了起来，但在监狱中，他很快获得了狱警和检察官的好感。因此，他被允许使用法院的图书馆。进入图书馆后，他开始了自己酝酿已久的越狱计划。由于图书馆戒备比较松懈，他从二楼的窗户跳了下去，

从而成功逃脱。逃脱后，他在附近的小镇上"逍遥自在"了几天。但没过多久，他就被警方抓住。

由于邦迪的出逃让警方产生了戒备心理，虽然他依然可以去图书馆查找资料，但警方给他戴上了手铐、脚镣。即便如此，邦迪依然没有放弃自己的逃跑计划。这次他花了 7 个月的时间去观察和准备，在警方看管松懈的时候，他将书和一些杂物放在床上，并用毯子盖住，伪装自己在睡觉，然后偷偷钻进事先打通的天花板隔层，趁人不注意时进入警员休息室，换好警员衣服后堂堂正正地走出了大门。

出逃后的邦迪再次绑架、杀人，并偷走他人的"甲壳虫"汽车。最终，警方依据这条线索再次将其抓住，并让其接受法庭的审判。虽然精通法律的邦迪一次次地为自己上诉，并坚持了 10 年之久。但最终，由于证据确凿，西奥多·罗伯特·邦迪因为杀死了 23 个人，还基于各种原因害死了 15 人，而被处以极刑。

在邦迪被判刑后，很多心理学家和犯罪专家对其犯罪性格的成因进行了研究。据了解，虽然邦迪出生在一个贫穷的家庭，但却接受了良好的教育，还获得了心理学的学士学位。可是即使他拥有高学历，却压制不住内心的"邪恶之火"，抑制不住想要杀人的冲动。有心理学家分析，这可能与他不健全的童年有很大的关系。

由于邦迪是个私生子，父亲是谁一直都是谜。为了避免流言蜚语，外祖父便让他跟着自己的姓，并且让他称呼自己为父亲，称呼邦迪的亲生母亲为姐姐。但是邦迪的外祖父性格火暴，被他人称为"疯子"，经常对外祖母拳打脚踢，甚至有时将外祖母打得休克好几天。另外，由于邦迪的外祖父是教堂执事，没收了很多色情书籍，而邦迪时常翻阅那些书籍。

研究者还发现，邦迪与 81% 的连环杀手有共同之处：被孤立，没有朋友，不愿参加社交活动，总是一个人待在家中；有偷窃的犯罪史，曾是多起盗窃案的嫌犯；感情受挫，化身为"魔"：被女友抛弃后，他空前地沮丧和郁郁寡欢。虽然当时没有爆发，但酝酿的时间越久，其行为就会越发残暴。据邦迪日后交代，在杀人后，他经常回到抛尸的地方，躺在尸体边回忆杀人的情节，并对尸体进行凌辱；还会将被害人的头割下，将头骨放在家中一段时间，最后再处理掉。

有笔迹专家对邦迪的笔迹进行了分析，在他的笔迹中专家发现了明显的特征：在起始笔画中有漫长的弧线，并且出现在每个单词中，尤其是词语的左半边比较明显。专家表示，这表明邦迪对过去的事情感到非常愤怒和痛恨。

一般来说，散漫的笔迹、杂乱的节奏在罪犯的笔迹中时常会体现出来，这表明罪犯的性格有缺陷；而词语之间存在空隙，则意味着罪犯缺乏正确、合理的态度。而邦迪所写词语之间的距离和空间很不规范。笔迹专家分析，这表示邦迪在与人交往时缺乏规律。

在写"I"字母时，邦迪会将其放大，这表明他非常狭隘。在邦迪的心目中，他对女生的看法总是不切实际，而且在其心中没有一个可以与"母亲"平衡的"父亲"。

对此，笔迹专家总结出，放大的"I"字母，僵硬的第一笔都表明邦迪在追求权力和控制，而且为了实现某些目标不遗余力，但会走"捷径"。

\ \ \ 犯罪心理画像专家有话说

有笔迹专家表示，字迹有其独有的特征和规律，包括字迹的格式、大小、字的倾斜度、写字时的用力程度与速度等。所谓的格式就是字给人的视觉效果，比如，字是否让人感觉整齐、是否具有活力等。

在信件中，格式和字母的大小写非常重要。比如，大写字母"I"和小写字母"i"中的点，它们是含有信息最多的字母。

大写的"I"象征着自我：如果将这个字母写得很小，则表明书写者缺乏信心；如果将这个字母写得龙飞凤舞，则表明书写者希望能够得到他人的关注；如果将这个字母写得飘忽不定或向左倾斜，则表明书写者有罪恶感、喜欢欺骗他人。

笔迹专家表示，"i"中的点不仅很容易识别，而且还能够看出书写者的性格。如果字母中的点偏左，表明书写者在面临选择时比较谨慎和犹豫；如果点偏右，则表明书写者是一个很有远见的人；如果点位于正中间，则表明书写者一丝不苟，但缺乏想象力；如果点与下面的竖连在了一起，则表明书写者很聪明，做事喜欢计划，并能很快适应环境。

除了字母之外，还有标点符号和数字，也是非常重要的。

而如果信件中有签名，可以仔细查看签名。因为人的签名总是存在细微的变化，如果两个签名完全一致或是签名的风格与正文有很大的不同，则表明书写者可能有问题。

第三节　连环威胁信——刺杀美国总统

从 1979 年 2 月到 1982 年 4 月 16 日这 3 年多的时间里，纽约的秘密特工收到了一连串的威胁信，这些信件都是来自同一个人的手笔。它们并不是普通的威胁信，而是针对美国总统，声称要刺杀总统。除了第一封威胁信指向的是美国总统吉米·卡特，其他的信件目标都是针对罗纳德·里根总统以及其他一些政要。

第一封信直接寄给了纽约秘密特工部门，信中威胁说要"打死卡特总统或者其他有权的人"。信是手写的，总共有两页的便笺纸，最后的署名是一个"孤独忧郁的人"。

消息传开后，让很多政要为之惊慌：是谁要刺杀总统？目的何在？随后，他们向特工施压：要尽快抓到这个狂妄之徒。

当特工正在深入调查时，从 1981 年 7 月到 1982 年 2 月，又先后出现了 8 封威胁信。其中有 3 封信件是寄给纽约秘密特工部门的，其他 5 封信件有 2 封直接寄给了白宫，另外 3 封则 1 封寄给了纽约的联邦调查局部门，1 封寄给了华盛顿的联邦调查局部门，1 封寄给了《费城每日消息报》。

这些信件同样出自那个"孤独忧郁的人"的手笔，但落款的地方却是 C.A.T.，寄信的地点分别是纽约、费城、华盛顿 3 个地方。在这些信件中，来信者声称要杀死里根总统，并将里根称为"上帝的坏蛋"和"魔鬼"。信中还称，那些支持里根总统的政要也要付出代价。除此之外，信中还提到了约翰·欣克利，并称要继续完成他没有完成的事业。

约翰·欣克利曾经在 1981 年 3 月 30 日混在记者队伍中刺杀里根总统。当时，里根总统左胸中枪，随即被送到了乔治·华盛顿大学医院救治，经手术后脱离了危险。

随后，威胁信变得越来越多，并将威胁的对象扩展到一些众议员和参议员。不久，众议员杰克·肯普和参议员阿方斯·德马托也收到了威胁信。秘密特工部门在查看这些信件时发现，信中还有参议员德马托和纽约市众议员雷蒙·麦格拉思的照片。让特工感到惊讶的是，这些照片都是近距离拍摄的，这表明 C.A.T. 的威胁并非是儿戏。

在 1982 年 6 月 14 日，C.A.T. 寄出了第十四封信，将其寄给了《纽约邮报》的编辑。信中声称将"魔鬼"（指总统）除掉后，大家就知道他是什么样的人了。他还在信中称，虽然没有人相信他所说的话，但他依然会那样做。

另外，他还在信中对这家报纸做出了"承诺"，声称在他完成自己的历史使命后，可以与他们进行谈话。

特工们虽然夜以继日地调查，但却找不到任何有用的线索。于是，他们向犯罪心理画像专家约翰·道格拉斯请求帮助，希望他能够协助他们破案。

道格拉斯通过对 C.A.T. 的写信语言、遣词造句、信的投寄地点和收件对象等分析推断，写信者是一个单身白人男子，年龄在 25 ~ 33 岁；纽约本地人，住在市郊，也许是单独居住；智力水平中等，接受过中学教育，可能在后来还学习过文学和政治；在家中可能是排行最小或者是独生子；曾经可能是个瘾君子或酒鬼；总将自己看成失败者，总认为自己有很多目标都没有实现；在他 20 ~ 25 岁时，心理上可能曾遭受过难以承受的压力，可能与婚变、服兵役、失去亲人等有关。

道格拉斯还分析，写信者可能对武器比较熟悉，喜欢近距离攻击他人，这意味着如果采取这种动作，他便不容易逃脱。由于他的做法带有自杀性，因此他会留下一部日记，以让他人知道自己。在采取行动之前，他可能表现得很沉着，会将自己伪装起来，与周围的环境融合在一起。他可能会与警察或特工交谈，以让他们觉得自己就是一个普通的居民，制造自己没有危险的假象。

信件中提到了约翰·欣克利，表明他非常崇拜欣克利，并且与欣克利是一类人。因此，道格拉斯建议特工，在搜查的时候，不妨去欣克利刺杀总统的华盛顿福特大剧院查看一下，或者是去欣克利在刺杀总统前居住的旅馆调查。如果有人打听欣克利曾经住过的房间，那么，此人有可能就是 C.A.T.。

特工们立刻前去查看欣克利曾经居住的旅馆。经调查得知，有人曾要求住那个特殊的房间。可是，特工调查发现，这是一对年迈的夫妇。经调查得知，这对年迈的夫妇在新婚时就住过这个房间，因此每次来都会要求住在这里。

正在特工们积极调查时，8 月份，秘密特工部门又收到了两封署名为 C.A.T. 的来信，信是写给华盛顿总统办公室的。这两封信都印有加州贝克斯菲尔德的邮戳。对此，道格拉斯分析，很多刺客都会跟踪自己的目标而在全国各地游荡，这表明写信者有可能行踪不定。

对此，特工们感到非常担忧，因为在信中 C.A.T. 还提到"由于心理健全、身体健康，我要求自己尽可能多组织一些美国人，让他们拿起武器，从内部消灭这个国家的敌人"。

另外，在这封冗长而满纸胡言的信中，他还提到"折磨和地狱"，承认自己在消除"上层"那些"魔鬼"后很有可能被杀害。

在仔细查看这两封信后，道格拉斯分析，虽然信上有很多的威胁和谩骂，但他其实并不具有很大的危险性。

虽然特工们对 C.A.T. 这个缩写有很多猜测，但道格拉斯却表示，不要在这个问题上浪费太多的时间，可能它根本没有任何意义。这也许是写信人喜欢这个缩写读出来的声音或者喜欢它写出来的形式。

另外，道格拉斯还建议，最好的方法是采用"技术手法"来将 C.A.T. 缉拿归案。因为之前他寄给《纽约邮报》编辑的信中曾"承诺"，完成自己的"历史使命"后，可以与他们进行谈话。这对联邦调查局来说，是一个寻找 C.A.T. 的好机会。可以让一位特工伪装成编辑，在电话中拖住他，以此查出他的具体位置。

同时，他们还对"编辑"进行了简单的指导和培训，在与 C.A.T. 电话交谈时，设法让他多说一些，理由是能够对其进行全面的报道。如果与 C.A.T. 建立联系后，"编辑"可以提出建议让他们见见面。如果 C.A.T. 应允，可以选在深夜一个僻静的地方见面，这会让对方感到，"编辑"似乎比他更注意保密工作。

随后，特工们经过反复推敲，在《纽约邮报》上登载了一则启事。很快，C.A.T. 就做出了回应，他开始定期与"编辑"通话。道格拉斯分析，C.A.T. 打电话的地点有可能是选择一些大型的公共建筑。比如，火车站、图书馆或是博物馆等。

与此同时，锡拉丘丝大学的著名心理语言学家默里·迈伦博士也对 C.A.T. 进行了分析，认为他并不是什么危险人物，而是为了出名的骗子，他实际上是想要操纵那些政界人士。

在特工伪装的编辑与 C.A.T. 通话一段时间后，1982 年 10 月 21 日，特工们在宾州车站的一个公用电话亭中抓住了一个白人男子。当时，他还在与那个"编辑"交谈。

将 C.A.T. 抓捕后，特工们获知他的名字叫小阿方斯·阿莫迪奥，今年 27 岁，是纽约本地人，中学文化程度。这与道格拉斯所做的心理画像几乎一致。

随后，特工们赶到了他所居住的地方——弗洛勒尔帕克的一座公寓。公寓中脏乱不堪，到处都是破破烂烂的。阿莫迪奥的母亲对特工们说，儿子总是对这个世界充满了仇恨和憎恶，认为它不喜欢自己，不接受自己。他曾经当过兵，可是在基础训练刚结束，他就因为开小差而离开了军队。多年来，他一直都喜欢收集报上发表的各种文章，现如今已经收集了两三个文件柜的简报。

特工们搜查那些文件柜时发现，每个文件夹上都是各个政要的名字。另外，在检查阿莫迪奥所写的日记时发现，他有时候会称自己是"胡同里的猫"。此外，他们再也没有发现其他与 C.A.T.（英语中的 cat 意思是"猫"）有关的东西了。

随后，小阿方斯·阿莫迪奥被关进了心理治疗所。有心理治疗的专家对其评估发现，他的精神紊乱，对总统和其他政府要员造成很大的威胁。不久，阿莫迪奥也向特工们承认自己就是 C.A.T.，他并没有什么政治阴谋，这样做只是为了显示自己的力量，以引起他人对自己的关注。

\ \ \ 犯罪心理画像专家有话说

在某种意义上说，很多人认为只要罪犯的行为超出常人的理解范围之内，就会用"精神异常"来描述行凶者。但心理画像专家表示，有些精神异常的罪犯的行为即使有悖于常人，但他们在法律上并不属于"精神不健全者"。

在法律意义上，"健全"与"不健全"只是一种常用术语。健全是指行为人有明辨是非的能力，并理解其行为的本质含义。如果警方能够在法庭中证明精神异常的罪犯在作案时能够明辨是非，而且思维清晰，那么，这些人就应该承担法律责任，为自己所犯下的罪行负责。

第四节　失踪的"小美后"——一封威胁信

可爱、漂亮的琼妮贝特·拉姆齐在 6 岁那年就成了美国家喻户晓的明星——在美国儿童选美大赛中当选"美国小小姐"。不仅如此，年纪小小的她还荣获"科诺尔玛多小小姐"等多项荣誉。这么聪明可爱的孩子被家人认为"是上天赐予的礼物"，一家人一直过着美满而幸福的生活。不幸的是，在 1996 年 12 月 26 日，即圣诞节的第二天，拉姆齐夫妇视为珍宝的"上天的礼物"却被无情地夺走了。因为他们四处找不到孩子的身影，后来在住宅一层的楼梯口发现了一封勒索信。

于是，他们立刻拨打了报警电话。警方火速赶到了报案者的家中，拿到了那封勒索信，信件有 3 页长。写信人自称是"小型海外组织"，信上最后的署名是"S.B.T.C."。同时，信中还声称拉姆齐一家如果想要再次见到自己的女儿，需要支付 11.8 万美元的赎金。另外，信件上还写道，绑架者会在上午 8 点到 10 点左右来电话，以告诉他们支付赎金的细节。

虽然信件上有"如果将此事告知他人……我们就会砍掉你女儿的头"等威胁的话语，但拉姆齐先生还是决定通知警方，并希望警方能够尽快破案，找回他们的女儿。同时，他还叫来了自己的密友，希望他们能够群策群力帮助他。

警方先对拉姆齐的住所进行了简单的搜查，但没有发现被潜入的痕迹，而且在住所附近的雪地上也只有拉姆齐一家人以及亲密好友的足迹。

警方搜查结束后已经到了下午 1 点，可是，拉姆齐一家却没有接到绑架者的电话。因此，他们决定对拉姆齐家再进行仔细的搜查。此时，琼妮贝特的父亲约翰也跟着警方四处寻找和搜查。当他们进入地下室搜查时，却发现女儿的尸体在地下室的酒窖中……

这让警方感到愕然，再三确认没有他人潜入住所的痕迹后，他们自然而然将琼妮贝特的父母列为嫌疑人。经法医检查琼妮贝特的尸体发现，她的身上有遭到殴打的痕迹，是被人用丝袜或是绳索勒死的，而且在其死前还曾遭到了性侵。

通过警方的仔细搜查，在拉姆齐家中找到了威胁信所使用的记事本和红色的圆珠笔。另外，警方还找到一封和威胁信类似的练笔信。但拉姆齐夫妇却坚称自己是清白的，他们花重金雇了当地最有名的律师和专家为自己辩护。最终，这起案件在法庭上讨论了一年也没有做出决定。可是，拉姆齐夫妇却一直顶着"嫌疑人的帽子"，所有人都对他们投以怀疑的目光。

随后，警方请求笔迹分析专家以及一些语言心理学家协助他们调查此案。笔迹分析专家在仔细查看那封威胁信后分析，从写信的风格可以看出，写信人相当聪明，因为他总是使用巧妙的语言设置。另外，笔迹分析专家还指出，其实，写信人最初的目的就是欺骗。

后来，笔迹分析专家在研究琼妮贝特的父亲约翰的信件时，发现约翰所写的信与威胁信"毫无疑问是同一个人所写"。尤其是在拼写习惯、语法、词汇等方面都有很多共同之处。另外，在信件的格式方面也非常相似。

另外，有心理语言学家指出，任何行为都代表着潜意识的想法。因此，在对信件进行分析时，他们希望能够看出写信人的潜意识。通过全面而仔细的分析，他们最终得出一些线索：罪犯是女性；罪犯的犯罪动机是愤怒和痛苦；写威胁信时，罪犯已经将琼妮贝特杀害；罪犯在写威胁信时，使用的是第一人称叙事，以此要求读信者能够仔细地聆听。

通过他们对信件的分析，最终结果认定拉姆齐夫妇就是杀害琼妮贝特的凶手，而琼贝妮特的父亲约翰协助妻子帕齐杀害了女儿，并为其掩盖事情的真相。

一时之间，琼贝妮特的父母再次成为美国民众的众矢之的。更有媒体记者在报道琼妮贝特的葬礼时写道："琼妮贝特的母亲一边掩面痛哭，一边通过手指缝偷偷观察我……"

时隔两年，案情有了新的转机。法医从琼贝妮特的内裤上提取了 DNA 样品，并制成了 DNA 图谱，结果显示，DNA 属于一个未知的男性，并不是琼妮贝特父亲的。随后，这份数据被提交给美国联邦调查局的 DNA 数据检索中心，该中心的数据大多数都是来自有前科的不法之徒。

联邦调查局对琼妮贝特遇害时所住的社区进行调查发现，在琼妮贝特遇害的那年，此社区竟然发生了 100 多起入室盗窃案。另外，在拉姆齐家附近，有 38 个性侵犯者已经在警方那里存有犯罪记录。随后，警方对其一一排查，并解除了他们的嫌疑。

2006 年 8 月 16 日，一个名为约翰·卡尔的小学教师进入了联邦调查局的视线。他在泰国曼谷因为多宗猥亵幼女案而被捕，警方从他写给科诺尔玛多大学新闻系教授的信件中发现，信中用大量篇幅描写了他对"小美后"琼妮贝特的爱意，并且相当关注案件的进展情况。

在约翰·卡尔被捕后，他向警方供认了自己的罪行，声称琼妮贝特的死完全是一个意外，自己非常爱她，并不是有意伤害她的。随后，面对媒体时，他还称对琼妮贝特的死感到非常抱歉，但他却不愿谈及具体的细节，声称所发生的一切相当痛苦。

当约翰·卡尔被定为嫌疑犯时，拉姆齐夫妇的律师也向警方透露了有关卡尔的信息：他曾经住在拉姆齐家附近，并在另外一个社区担任教师。不幸的是，当琼妮贝特的母亲帕齐得知警方在调查卡尔时，她因为患有卵巢癌而只剩下一个月的寿命。直到她去世，也没有摆脱谋杀女儿的罪名。

正当大家都认为约翰·卡尔就是杀害6岁"选美小皇后"琼妮贝特的凶手时，审理过程却一波三折。在2006年10月5日，加利福尼亚州的法庭竟然无罪释放了卡尔，理由是虽然卡尔公开承认是他杀害了琼妮贝特，但案情疑点重重且证据不足，无法彻底了解整个案件的来龙去脉。

随后，通过DNA检测也排除了卡尔是凶手的可能，因为他的DNA与犯罪现场遗留的血迹中的DNA不相符。但是检控方并没有就此罢手，因为在抓住卡尔的时候，在搜查他的私人电脑时发现有大量的儿童色情图片。因此，他们决定以涉嫌传播儿童色情图片的罪名将卡尔送上法庭。

可是，就当约翰·卡尔要作为儿童性侵犯嫌疑人接受审讯时，案情又有了戏剧性的转折：公诉方不慎将卡尔电脑中的关键证据弄丢了。最终，卡尔被无罪释放。

对此，很多美国民众认为，约翰·卡尔曾称在琼妮贝特遇害时与她在一起，很可能是戏言。最终，这件轰动美国的幼女谋杀案成为一大悬案。

\ \ \ 犯罪心理画像专家有话说

笔迹学又被称为笔相学，是主要运用刑事侦查学、心理学等学科的原理和方法对书写者的心理特性和心理状态变化进行研究的一种笔迹学说。最早将笔迹与人的精神品质联系在一起的是亚里士多德等人，但到了19世纪后半期，是由法国天主教神甫米绍将其引入文学研究当中。

对笔迹学研究最久的是美国著名心理治疗专家威廉·希契科克，他研究笔迹学达20年之久，存有4万份笔迹档案，并从中得出一些结论：笔迹能够反映一个人的性格、智力水平、思维逻辑等。比如，笔画均匀适中，表明书写者稳重、有自控力，反之，则脾气暴躁；字迹高低不平表明书写者机智或狡猾；书写时越写越往上走，表明书写者性格乐观，反之，则性格较为悲观；字迹有棱有角，表明书写者意志坚定，观点鲜明，而字迹圆滑而表明此人办事老练，做事八面玲珑。

一般来说，在大多数案件中，警方在调查的过程中会让专家对罪犯的笔迹进行分析。不管罪犯是为了索取钱财、威胁，还是被捕之后的坦白，都会由笔迹学家对其进行分析，以为警方提供有利的线索。从根本上来说，笔迹学是一门证据科学。

不过，有些警察和民众却认为笔迹学与手相学、面相学都是伪科学，因此，笔迹学并没有被大众所接受。因此，大多数的笔迹研究都是在罪犯被捕之后进行的。英国著名笔迹学家帕特里夏·马恩曾在其著作《罪犯笔迹》中提到："没有笔迹学家能够根据一两个显而易见的线索发现一个人是罪犯，正如同医生无法在发现一个迹象后就诊断出病人身上的病症。"

第五节　炭疽匿名信——来自科学家的疯狂报复

2001 年 9 月 18 日，在美国境内发生了一起生物恐怖袭击事件——有人收到了含有炭疽杆菌的匿名信。结果导致 5 人死亡，17 人遭到感染。

这起炭疽匿名信袭击事件分成两批：第一批炭疽信件的邮戳显示是在 2001 年 9 月 18 日新泽西州特伦顿盖的。当时，正好是"911 事件"之后的一星期。这批信件一共有 5 封，分别寄给纽约的美国广播公司新闻节目、哥伦比亚广播公司新闻节目、全国广播公司新闻节目和《纽约邮报》以及佛罗里达州博卡拉顿美国媒体公司旗下的国家询问者节目。

在 3 个星期后，另一批含有炭疽杆菌的两封信件也从特伦顿发出，邮戳日期是在 10 月 9 日。这两封信分别寄给了两名民主党参议员：南达科他州的帕特里克·莱希和佛蒙特州的汤姆·达施勒。

11 月 16 日，一个被滞留的邮袋中发现还没有打开的寄给莱希的信。这封信由于邮政编码的错误而被送到了弗吉尼亚州政府机关邮政部。随后，那里的一名邮政职员吸入了炭疽病原。

研究人员和生物学专家经过研究发现，第二批信中的病原要比第一批的更危险，它们含有由孢子组成的干燥粉末，这些粉末具有"武器级"的杀伤力。

这起生物恐怖袭击事件不仅引起了 FBI 的高度重视，也让民众谈"炭疽"色变。据了解，在感染炭疽初期，其症状与流感非常类似，细菌繁殖得相当快，几千个细菌在几天内就能繁殖到几万亿个寄生菌。它会对人的肺部和脑部造成伤害，使感染者在死前承受相当大的痛苦。

为了不再让其他民众受到伤害，FBI立刻对这起事件进行调查，并请求笔迹学专家和心理专家对写信人的笔迹和行为做心理画像。通过分析鉴定，他们一致认为，这些信都是同一个人所写。信封上的每个字母都是大写的，信件内容的每句话开头以及部分代名词中第一个字母都比其他字母更大一些。对此，FBI专家认为，这是因为写信者不擅长用小写书写信件。另外，信封上的姓名和地址也是从左向右有着明显的倾斜。

在日期上，写信者把日期写成了"09-11-01"而不是"9/11/01"。其中，数字"1"是采用正式的方式来书写的。另外，信中提到的"不能"二字不是通常的写法，而是将其拆开来写的。

多位专家经过分析和鉴定，他们对罪犯做出了初步的心理画像：罪犯多半是成年男性；即便有工作，也不需要与其他同事或是其他人打交道，因此他有可能是在实验室中工作，多半有着科研方面的经验，并至少对科学比较感兴趣；从作案手法来看，罪犯是非常有组织地执行自己的犯罪计划，表明他是一个很有逻辑的人。

而从犯罪的对象来看，罪犯是特意选择了全国广播公司的新闻节目、《纽约邮报》以及参议员汤姆·达施勒的办公室。这表明罪犯很有目的性，而且对他而言，这些目标非常重要。有可能在此之前他就对他们产生反感。

由于罪犯不擅长与人交际，缺乏与他人交往的能力，因此他总是喜欢一个人待着。如果他参与某些集体活动，多半是由于他认为这样做自己能够获益。从这起案件结果的严重性，可以看出罪犯的仇恨已经积累了很长时间，并发誓早晚要对他们进行报复，有可能在此之前就做过类似的事情。

通过信件的前后差别，心理分析专家认为，罪犯多半对"911事件"并不在意，虽然这起事件有可能是他执行计划的"初衷"，但他并没有将这件事放在心上。罪犯在写完信后，行为会变得有些诡异，而且非常注意保密。信中还建议收件人在收到信件后要立刻服用抗生素，可见罪犯并非真的想要置人于死地。同时，这也表明他开始服用抗生素。

在案件发生后，比如，信件被寄出、被害人身亡、媒体对事件的报道等都可能会引起罪犯的行为发生很大的变化。他可能会改变自己的外在装扮或是心情变得很焦虑，抑或是改变自己的睡眠和饮食习惯等。

通过专家的分析以及 FBI 夜以继日的调查，直到 2008 年，他们才将生物科学家布鲁斯·爱德华兹·艾文斯列为怀疑对象。艾文斯曾经在马里兰州弗雷德里克戴翠克堡政府生物防御实验室中工作。

在之前的调查中，调查人员忽视了一条重要的线索：当初炭疽信件是先被投入在新泽西州特伦顿市区路边的一个邮箱中，随后又转发到全国各地。那个邮箱是在卡伯卡伯伽玛姐妹会办公楼下，而卡伯卡伯伽玛姐妹会则是艾文斯产生报复心理的一条导火索。

艾文斯在北卡罗来纳读大学时，教堂山分校有一家卡伯卡伯伽玛姐妹会。当时，有同学在这里组织举行一场联谊会，很多单身男女生都参加了这次活动，艾文斯也不例外。

在此次联谊会中，艾文斯喜欢上一个名叫南希·海伍德的女生。心生爱慕的艾文斯就大胆地向海伍德提出约会请求，可海伍德并不喜欢他，她觉得艾文斯看起来像个"怪人"，于是果断地拒绝了艾文斯。

对此，艾文斯心生怨恨，认为这一切都是卡伯卡伯伽玛姐妹会造成的，因为拒绝他的南希·海伍德是该联谊会的会员。晚上，艾文斯潜入了联谊会所中，在里面找到了一些联谊会的文件，文件中记录着很多会员的详细情况。

随后，他根据这些文件对联谊会的会员进行攻击，以挑拨她们之间的关系。他冒用南希·海伍德的名义，写了一封信发表在一家报刊上。信中写道：

"作为'卡伯卡伯伽玛姐妹会'的一员，对媒体以及其他局外人对大学社团的贬损企图，我始终感到惊慌，对刻薄攻击我们团体捉弄新成员（这是美国传统的成长仪式）的行为尤其感到愤怒……"

随后，艾文斯将报纸上的信复印了一份，寄给了几年前儿子因为加入大学社团被捉弄时而意外身亡的艾琳·史蒂文斯。而史蒂文斯也曾是"卡伯卡伯伽玛姐妹会"中的一员。他这样做是想让史蒂文斯觉得，大学社团在捉弄新成员时经常会发生虐待行为。后来，他又用自己的名义写信给史蒂文斯，信中除了贬损海伍德外，还要求史蒂文斯将她所知道的"卡伯卡伯伽玛姐妹会"中的虐待行为告诉他。

有心理学家分析，艾文斯这种暴戾的脾气可能来源于他的母亲。据了解，艾文斯的父亲和母亲是两个截然不同的人：父亲非常善良，几乎不与他人发生冲突，而母亲却相当暴力，动辄就会对父亲使用家庭暴力，用扫帚或煎锅殴打父亲。

在这种家庭氛围下，艾文斯的心理也变得扭曲。在上小学时，他经常用绳子将泰迪熊等玩具捆绑住；上中学时，他开始自制军火，并带着同学到他家中参观自己研制的军火，吓得同学再也不敢去他家做客。

大学毕业后，艾文斯被一家实验室聘请做研究员。但没过多久，同学们就被他恐怖的一面吓到。实验室有个名叫萝莉·巴布科克的女博士生，她曾是卡伯卡伯伽玛姐妹会的一员。艾文斯曾在一天晚上当着她的面朗诵起其入会的誓词，然后逼问她关于"卡伯卡伯伽玛姐妹会"的细节。当时，萝莉被艾文斯的举动吓得寒毛直竖。

后来，艾文斯虽然结婚了，但他对已婚的南希·海伍德仍然念念不忘。当时的海伍德正在北卡罗来纳大学教堂山分校攻读微生物学专业博士学位。

不久，海伍德遇到了麻烦——她为写博士论文而取得的各种实验数据、记录成果的笔记本不见了。这让海伍德相当焦急和痛苦，并立即报了警。几天后，她收到了一封匿名信，声称她那个极其重要的笔记本在某条街的一个邮箱里。果然，警察在邮箱中发现了海伍德的笔记本。

多年后，艾文斯被联邦调查局抓捕后，他承认海伍德的笔记本是他偷的。同时，他也向心理学家诉说他对海伍德的感受，由于海伍德的拒绝，让他感到自己好像在儿时遭受母亲的嘲弄，这让他相当痛苦，甚至有了想要杀死海伍德的想法。

后来，艾文斯在没有经过任何心理评估的情况下进入了美国军队医学传染病研究所。艾文斯的任务就是对炭疽菌进行培养、纯化，并实验军方的疫苗。

表面看来，艾文斯是一个很正常的人：成功的科学家，妻儿陪伴在身边。但实际上他经常去看心理医生，并服用抗抑郁的药。曾给他看过病的心理医生称"他是一个非常可怕的病人"。而且，他还曾向一位精神病医生倾诉，自己正在策划毒死以前的一个助手。

而关于艾文斯的病情，军方毫无所知。在炭疽匿名信恐怖袭击事件发生后，FBI 将注意力集中在曾发表炭疽菌论文的军方学者史蒂文·哈特菲尔身上。虽然艾文斯当时也接受了 FBI 的调查，但他却向联邦调查局提供了误导性的信息，从而避开了警方对他的怀疑。

不过，FBI 在对史蒂文·哈特菲尔调查 5 年后发现，哈特菲尔并不是嫌疑人，真正的凶手是艾文斯。因为他是一瓶高纯度炭疽菌的保管者，这些炭疽菌与邮件中的炭疽菌有亲缘关系。

2008 年 7 月 27 日，当布鲁斯·爱德华兹·艾文斯得知警方准备起诉自己时，他在家中服用了大量对乙酰氨基酚自杀。

\\\ 犯罪心理画像专家有话说

对于笔迹专家来说，在分析笔迹时，他们首先会对比文字的外表以及字母的形状。比如，字母是方形的还是线形的，抑或是拱形的。

一般来说，方形的笔迹让书写者看起来很有自控力。同时，也表明书写者比较聪明，但是思维有些僵硬，而且没有幽默感。而线形的笔迹与方形相反，表明书写者性格多变，难以琢磨。面对线形的笔迹，甚至会让笔迹专家无从下手。

笔迹专家认为，拱形的笔迹表示书写者很看重个人的隐私，不愿意与他人交流自己的私密事情。比较有代表性的是字母"m"和"n"。如果在书写时字母"m"和"n"非常宽、顶部比较平，那么，表明书写者没有什么道德感，总是用巧舌如簧的手段来自圆其说。

另外，笔墨的浓重与否也能看出他人的心理。笔迹专家表示，如果书写时笔墨比较浓重，则表明书写者比较悲观；书写时笔墨比较轻，则表明书写者缺乏活力，对生命没有兴趣。

第八章

连环杀人魔的罪行薄

第一节　"疯狂杀人王"教主——查尔斯·曼森

20 世纪 60 年代末期，美国曾出现过一代迷茫而颓废的年轻人，他们对甲壳虫乐队和毒品相当着迷。而查尔斯·曼森也是其中的一员，他披着博爱的外衣，将自己塑造成拯救众生的"上帝"，但却做着残忍的事情。尽管他蓬头垢面，很多女人却非常仰慕并愿意追随他。久而久之，她们以查尔斯·曼森为核心组成了曼森家族。而查尔斯·曼森则利用这个邪教组织进行丧心病狂的屠杀，成为美国历史上最疯狂的"超级杀人王"。

1934 年，查尔斯·曼森出生在一个小村庄中。他的母亲是一名妓女，年仅 16 岁就生下了他。孩子的出生对于 16 岁的未婚妈妈来说显然是一个意外，她也不知道孩子的父亲是谁，因此迟迟没有给孩子取名。后来，她将自己最喜欢的情人的姓给了孩子，取名为查尔斯·曼森。

曼森的母亲由于抢劫等罪名时常出入监狱，因此她将曼森寄养在阿姨家。虽然曼森的阿姨是一个虔诚的教徒，对他还不错，可姨父却是一个心理变态者。他总是百般凌辱、打骂曼森，不仅取笑他的身材，还故意将其打扮成女孩，再对其进行羞辱。曼森受不了姨父的百般折磨，在他不到 10 岁时就逃离了那个地狱般的家庭，在街上四处流荡。

由于缺乏正常的教育，曼森的性格和心理渐渐发生扭曲。他在十五六岁时，常常因为抢劫、偷窃等罪名出入监狱。他的这段生活经历几乎是母亲的翻版。由于长时间地生活在监狱中，他学会了如何去揣摩他人的心思，并用自己的意志力控制对方。

1966 年，32 岁的曼森出狱后去了旧金山。此时，这个地方是嬉皮士文化的发源地，到处充斥着音乐、毒品、叛逆。起初，曼森在街上以卖艺为生。后来，他认识了在加州大学伯克利分校图书馆工作的玛丽，并用音乐捕获了玛丽的芳心，住进了她的公寓。不久，玛丽成了曼森家族中的第一个成员。

很快，曼森丰富的生活阅历吸引了一大批迷茫、彷徨而又天真、率性的年轻人。他们与玛丽一样，都是出身于中产家庭或是上层家庭，没有过多地接触过社会，思想比较单纯。同时，由于父母离异等原因导致他们非常渴望得到他人的关心。

起初，也有很多男性想要加入曼森家庭。但为了树立绝对的权威，并满足自己的控制欲，曼森并不允许男性加入。当时，整个家族只有曼森一个男人。他用监狱中学到的一些经验和"科学神教"的理论，将自己打造成了一个精神领袖，让这些年轻人对他相当尊敬和崇拜。

她们与曼森过着群居似的生活，吃住都在一起，整日围聚在他身边唱着披头士的歌。而曼森总是不让他的信徒睡觉，让她们长期处于失眠的状态下，从而失去自主意志，然后再用音乐催眠和控制她们。在曼森的带领下，这些年轻人经常跟随他在美国各地四处游荡。

在 1968 年，美国沙滩男孩乐队的主唱丹尼斯·威尔森在路上遇到两个想要搭便车的女孩，于是，好心的威尔森便载她们回家。可是，谁会想到，这两个女孩正是曼森家族的成员。随后，曼森就出现在威尔森的家门口。

不久，威尔森的家中就被曼森家族所占领，有十几名女性与曼森一同住在他的家中。渐渐地，出现在威尔森家中的不速之客越来越多。自然，这些人的花销都是由威尔森一人承担。

起初，威尔森以为曼森是一个不错的人，他看到曼森非常喜欢音乐，便想帮助他录制唱片。于是，他介绍当时的著名音乐人特里·梅尔切与曼森认识。

但不久，特里和威尔森发现曼森性格相当暴戾，渐渐地开始疏远曼森。不仅如此，特里也不愿为曼森做唱片，这让曼森相当恼怒，也打破了他进军娱乐界的梦想，这为日后的血案埋下了伏笔。

后来，曼森家族离开了威尔森的住所，在附近的史帕恩农庄住了下来。为了能够免费住在那里，他命令家族中的一个女孩与农场主发生关系。渐渐地，这些家族成员中的女孩都以卖淫、贩毒或是非法勒索为营生，以此聚敛更多的钱财。

1969 年 3 月，虽然曼森明知特里已经搬离他所租住的别墅，但他仍带领家族成员以访客的名义多次闯入那里。此时，住在这个地方的是欧洲著名导演罗曼·波兰斯基与他怀着身孕的妻子莎伦·泰特。让他们想不到的是，一场灾难正向他们袭来。

一天晚上，曼森命令 4 个人闯入特里租住过的别墅，并告诉他们"以最残忍的方式处决里面住着的人，并且不能留下活口"。当晚，别墅中住着莎伦·泰特和她的 3 个朋友以及守门人的访客。他们闯入后，将 8 个月身孕的莎伦·泰特和其他人吊在了房梁上，并用刀子残忍地向他们刺去。

在此期间，泰特曾乞求他们放过她肚子中的孩子。可是，这 4 个人却如恶魔般变得更加凶残，对泰特刺了 18 刀，腹中胎儿也无法幸免。另外 4 个人也都被残忍地杀害。他们将别墅中的 5 个人杀害后，用被害人的血液在墙上留下"PIG（猪）"的记号。

第二天晚上，曼森再次发布自己的"屠杀指令"，他命令 6 名家族成员潜入距离波兰斯基家几十公里处的一幢民房中杀害拉比安卡夫妇。同样，他们用刀残忍地将被害人杀害，并用他们的血在墙上和冰箱门上留下记号。

在曼森被捕后，曾经参与泰特谋杀案的家庭成员表示，曼森之所以让他们那么做，是在警告特里没有兑现他曾对曼森做出的承诺。后来，特里如同惊弓之鸟，长期承受着巨大的心理压力，身边总是安排成群的保镖。

在泰特和拉比安卡谋杀案发生后，警方立刻进行深入的调查。由于两起案件存在很多共同之处，对此，警方认为这可能是同一个团伙所为。但也有些警察认为第二起谋杀案可能是模仿第一起谋杀案。但他们一直没有任何线索，这让警方的调查一度陷入僵局。

而在此期间，曼森曲解披头士的歌曲，发起白人与黑人间的种族对立斗争。他们先是对一个黑人毒贩进行诈骗，然后又勒索曼森的朋友加里·辛曼，并将辛曼刺死。之所以这样做，曼森是希望将这起谋杀案嫁祸给黑人，以此挑起种族斗争。

后来，警方发现辛曼遇害案可能与之前的两起凶杀案有关。此时，警方才将视线转移到曼森家族身上。最终，他们获取的关键信息是来自监狱中的一名囚犯。在此之前，有曼森家族成员因为盗窃罪被关进监狱，而那名成员向她的一位狱友吐露了谋杀案的实情。随后，那名囚犯便将这件事告诉了警察。

1970年6月15日，曼森家族的多名成员被抓获，并在法庭上接受审判。但查尔斯·曼森却以各种姿态蔑视法庭，还让其他家族成员帮自己做伪证，以此洗脱罪名。而曼森家族的一些信众在法庭外聚集，威胁证人和旁听者。一位当庭顶撞曼森的被告辩护律师在不久后失踪，直到宣判当天，他的尸体才被发现，但尸体早已腐烂不堪，死因也无法查明。

1971年4月19日，法院判决曼森家族成员的4名主要被告谋杀罪名成立，均判处死刑。随后，曼森被追加2项谋杀罪名成立。1972年，美国最高法院宣布废除了死刑，因此曼森家族成员被改判为终身监禁。此后，曼森一直被关押在监狱中。

让人感到不可思议的是，虽然曼森一直被关押在监狱中，但多年来依然有一大批粉丝追随他，还给他写信，使他成为美国历史上收信最多的监狱囚犯。

更让人吃惊的是，2014 年，有媒体报道称，有一名崇拜曼森的 25 岁美女斯塔与这位已经 80 岁的"杀人魔"坠入爱河。6 年前，19 岁的斯塔曾给狱中的曼森写过一封信，以倾诉她对曼森的爱慕。从此以后，他们经常书信往来。后来，斯塔还搬到监狱附近居住，以便能够时常去探望曼森。

查尔斯·曼森对美国民众来说，简直就是梦魇！有犯罪专家表示，曼森是美国最危险的杀手，他甚至能够与希特勒比肩，是魔鬼的化身，更是邪恶的代名词。

由于曼森对他人的影响非常大，即使身陷囹圄之中，依然有很多的信众。对此，犯罪专家对他进行了深入的研究。他们认为，很多年轻人之所以对其盲目崇拜，并受其影响，与当时动荡不安的社会环境有很大的关系。曼森成为他们的精神图腾，成为反叛既定体制的复仇符号，更是一名煽动者。

有犯罪专家总结出曼森控制其家族成员的三大法宝：一是让他们对自己产生恐惧心理。由于曼森自称是耶稣的化身，如果有谁不听他的话，他就会从肉体上消灭他们，从而对信徒产生很大的效果。二是使用迷幻药物、自己的思想来控制那些家族成员，并对其洗脑，让他们完完全全地依赖于曼森，如同行尸走肉一般。三是在众多的家族成员中，大部分女性成员都与曼森发生过关系，并听从曼森的指使。

最后，有心理学家对查尔斯·曼森研究发现，由于曼森一直生活在复杂的社会中，扭曲的成长经历导致其有反社会人格，并且油嘴滑舌、非常多变。因此，他总是利用谎言去骗取家族成员的信任，让他们做任何事情。后来，曼森被捕后，法院也没有给他假释的机会，因为担心他进入社会后会再次影响一大批年轻人。

\ \ \ 犯罪心理画像专家有话说

心理画像专家表示，罪犯反社会人格的形成往往有一个过程，除了本身的性格特征外，与生活的社会环境有很大的关系。如果在悲剧发生之前及时疏导，犯罪行为就有可能会被避免。反之，则导致他们走上杀戮的道路。

在心理学的研究领域中有一个"挫折理论"，即当人们遇到挫折时会产生各种反应，大致分为三种情况：一是不予理睬，坦然面对；二是将挫折转化为前进的力量；三是"挫折—攻击反应"。第三种往往是一种报复性的行为，其目标很明确。据调查发现，80% 的凶杀案都与这种报复心态有关。

第二节　食尸的变态杀手——杰弗里·达默

杰弗里·达默是美国历史上最变态的杀手之一，在将人杀害后，他不仅会虐待、肢解尸体，还会将尸体吃掉。同时，在吃尸体方面他相当"讲究"：会用各种佐料进行细心的烹制，并且还会将一些器官和肢解后的尸体放在冰箱中冷藏。一项调查显示，与近几届美国总统相比，民众对杰弗里·达默更加熟悉。由于他残忍地杀害了 17 个人而成为美国最臭名昭著的罪犯之一。

1978 年，当杰弗里·达默 18 岁的时候，由于父母离异，他们经常不在家，导致杰弗里时常一个人住在冷冷清清的家中，无人关心、无人过问。这段经历对他产生了深远的影响，也让他开始了第一次杀人。

一天，当杰弗里开车在公路上行驶时，一个名叫希克斯的旅行者想要搭乘他的车。于是，杰弗里便欣然同意他的请求，并以喝酒和带他到家中参观为由将其骗到家中。在喝完酒后，希克斯想要离开他家，继续自己的旅行。可杰弗里却不让他离开，并用哑铃狠狠地敲向希克斯的脑袋，然后将其勒死。

在将希克斯杀害后，杰弗里将他的尸体肢解成一块一块的，然后将其装在一个大塑料袋里，放在家中用来走线的槽隙里。但没过几天，尸体就开始腐烂，并发出难闻的气味。杰弗里担心会被其他人发现，于是他便将尸体埋藏在家后面的树林中。

可没过多久，杰弗里发现有很多小孩子经常在那里玩耍，有可能会发现尸体。于是，他只好又将尸体挖出来。此时，尸体只剩下骨头了。于是，他用大锤子将骨头敲碎，然后将其洒在那片树林中。在杰弗里被捕后，他曾对警方表示，之所以将那些被害人杀死，是因为他认为这样他们才不会离开自己。

由于没有人报案，也没有发现尸体，因此，这起谋杀案最终不了了之。杰弗里经过一段时间的休整后，开始去大学求学。可是，学校的生活并没有给他带来多大的乐趣。于是，他又决定去参军，并且与部队签署了长达 6 年的契约。

当他在部队待了两年后，杰弗里却因为酗酒而被部队开除。于是，在1982 年，杰弗里搬到了外祖母的地下室居住。虽然在此期间，他先后找了两份工作，可工作时间并不长，结果都是因为酗酒而被老板辞退。而且，在阴暗的地下室中，他经常会拿动物的尸体"做实验"：将其残忍地肢解。

虽然杰弗里·达默对一些流浪者十分友好，但却没有人愿意与他长久地待在一起，甚至他非常喜爱的人最终也会离他而去。因此，他便偏激地认为，只有自己动手将其杀害，他们才不会离开自己。

在 1987 年 9 月，一个名叫史提芬的男子在密尔沃基地区游玩，在与杰弗里擦肩而过的时候聊了几句。于是，杰弗里邀请他到汽车旅馆中喝了很多酒。其实，在此之前，杰弗里已经在酒中下了药。待史提芬晕过去之后，杰弗里先将他杀害，然后用旅行箱将尸体装起来，将其带到外祖母的家中。到家后，他用屠刀如同宰杀牲口般将尸体肢解。

4 个月后，杰弗里又用相同的手法杀害了一名黑人男性。由于尸体腐烂得相当严重，最终，警方无法将死者的身份辨认出来。直到杰弗里被捕后，从他交代的犯罪事实中才知道那名死者的身份。在这之后的两个月，杰弗里再次杀死了一名黑人男子。当时，那名男子正准备去朋友家玩，结果在路上遇到了杰弗里。

在这段时间里，由于在密尔沃基地区先后有多名年轻的男子失踪，并有人发现了被害人的尸体，因此，当地警方才注意到这个地方可能有一个凶残的连环杀手。于是，警方开始对这3起谋杀案进行深入的调查。

当警方正在调查之际，杰弗里却顶风作案，将一个13岁的小男孩骗到家中，准备将小男孩弄晕，再对其性侵。不过，机灵的小男孩趁杰弗里不注意跑到了街上，并将自己的遭遇告诉了一个正在巡逻的警察。

于是，警察随即赶到杰弗里的家中，并将其制伏和逮捕。当时的警方还不知道杰弗里就是那3起凶杀案的连环杀手，他们只是对杰弗里指控其犯有性侵罪。

可是，在杰弗里获得假释，等待审判期间，他依然再次犯案，将被害人骗到家中杀害，对其尸体进行肢解。不过，在分尸后，杰弗里将被害人的头颅留下，然后用开水剔除头骨上的血肉后，用头颅作画。

变态的杰弗里将尸体处理得相当干净利落，最终，警方并没有发现这起凶杀案。而由于杰弗里性侵犯儿童的罪名，他被判一年的监禁。在他出狱后，杰弗里的杀人欲望变得越来越强烈。

在1990年到1991年期间，杰弗里频繁在美国东海岸作案，继续他疯狂的杀人生涯。在此期间，他一共杀害了十多名年轻的黑人，最小的被害人仅有14岁。虽然FBI已经介入调查，并多次贴出公告，希望民众提供有用的线索，但始终没有得到任何有价值的消息。

直到1991年7月22日那天，当两名警察在路上巡逻时看到一个左手戴着手铐的男子慌张地向他们跑来，并称自己刚刚从一个企图杀害他的变态男子手中逃脱出来。随即，那名男子将警察带到了他逃离的地方，而这个地方正是杰弗里的住处。

此时，警方才将这个同性恋杀人狂抓捕。后来，当地警方和FBI对杰弗里的住所进行仔细的搜查。结果，他们发现了很多被肢解的尸体和头颅，并在他的浴室中发现了悬挂着的骨架。最终，杰弗里·达默也对自己的罪行供认不讳，声称自己杀害了至少 17 名男子和小男孩。杰弗里由于他的罪行被判终身监禁。最后，他在监狱中被狱友杀死。

在杰弗里·达默死后，一些心理学家针对他的变态心理进行了深入分析。有心理学家认为，杰弗里之所以会出现这种变态行为，与他童年的经历有着相当大的关系。杰弗里是在 1960 年 5 月 21 日出生的，本来他的童年可以像其他的小孩子一样，虽然他有些内向，但相貌非常清秀，与小朋友也玩得不错。

可没过多久，由于杰弗里患有双重疝气需要接受治疗。而在这次治疗中，他的同性意识得到了开发，被陌生人检查身体留下既恐怖又愉悦的感觉，让他刻骨铭心。

另外，由于杰弗里的父母经常吵架，并且在离婚后都相继离开了杰弗里。杰弗里如同一个弃儿，无人疼爱和关心。而在他 8 岁的那一年，杰弗里由于长相清秀，被邻居家年长的大男孩骗到家中进行性虐待。

这些原因导致杰弗里自幼就产生一种逆反和变态心理，行为也出现异常。在杰弗里 10 岁的时候，他时常用小动物"做实验"：将它们的尸体进行分割，将其头部割掉，并用硫酸类的溶液处理尸骨。这为他在日后杀人的作案手段奠定了基础。可是，当家人发现他的这种行为后，并没有对其阻止，而是认为这只是男孩子玩的一种游戏。

在学校中，所有的孩子几乎都不愿接近他，因为他们发现杰弗里非常奇怪：不仅说话方式很奇怪，而且体温也异于常人，让人感到如同触摸冰冷可怕的蛇。

在上初中时，他每天早上去上课时都会带一瓶威士忌。他似乎很需要他人的帮助，但却不知道自己到底需要什么。可在当时，并没有人对他伸出援助之手，导致杰弗里早早就结束了学业，开始进入社会中闯荡。

对此，有心理学家分析，对于杰弗里这样一个心理变态者来说，他最大的特点就是缺乏移情的能力，无法体验他人的情感，甚至连最基本的社会责任感都没有。因此他总会谎话连篇、诡计多端，对任何事都毫无愧疚之心，因为他对任何事都不放在心上。

大多数的心理变态者都是如此，他们生活在毫无感情的世界中，虽然他们外表看起来平和、冷静且比较绅士，但内心却相当冷漠，丝毫不在乎他人的感受。

美国威斯康星大学麦迪逊分校的约瑟夫·纽曼认为，大部分的心理变态者之所以非常冷酷，是由于他们的注意力发生扭曲。如果心理变态者注意到某个目标，他们就会对其"穷追不舍"。如同乘坐火车，如果火车不到站，他们绝对不会下车。由于这种高度的专注，再加上心理变态者的冲动，很容易发生相当可怕的后果。

正如杰弗里·达默所说的那样："我总是被自己的冲动所驱使，我不知道怎样来消除它。我其实对此并不满意，因此我可能是想满足另外一些愿望。但是，结果就是这样，数目不断上升，最后无法收拾……"

对此，一些心理学家总结表示，大部分的心理变态者一旦开始自己的犯罪行为，不管发生任何意外的情况，如被害人的百般哀求等，他们都会置之不理，因为在他们的大脑中有一个不达目的决不罢休的念头。

美国科学家在对众多心理变态者进行研究后发现，虽然监狱中关押着超过50万名心理变态者，但社会上还有将近25万名变态者在四处游荡。这些变态者虽然目前没有犯下严重的罪行，但不可否认的是，在不久的将来他们会威胁到其他人。因此，科学家建议，当心理出现某些问题时，应该及时解决。

另外，有犯罪分析专家对杰弗里·达默的作案手法进行了分析。通过这些被害人可知，杰弗里从来没有杀害过女性，这可能是由于他的同性恋倾向所导致的。

表面上看来，杰弗里是一个相当安分守己的人，事实上，他的一些行为也确实如此。虽然杰弗里与父母的关系不是特别好，但他从来没有与他们发生过很大的冲突。与其他的连环杀手相比，杰弗里似乎更像一个"正常人"。可是，这样一个俊秀而文雅的人如何能够坦然地面对被害人的鲜血和尸体而无动于衷，着实让心理专家颇为费解。

虽然很多心理学家不知道杰弗里·达默的作案动机是什么，但在杰弗里被捕后的陈述中，一个不断出现的杀人动机就是：为了避免自己被抛弃，为了阻止他人离开自己，他认为最好的办法就是将他们杀害。

杰弗里曾表示，在他14岁的时候就特别想杀人，并希望自己能够与死者的尸体在一起。对杰弗里来说，他似乎相当迷恋尸体。正如他所说的，他喜欢刚剖出的内脏的颜色以及刚杀死死者时从其尸体内所散发出来的热气，这会让他感到非常兴奋。

同时，他认为将尸体的肉割下来，并将其吃掉，就可以让被害人在他身上得到重生。不仅如此，他还会使用各种调味品将尸体的肉与其他肉混合在一起烹制，以让它们更好吃。这种做法同样可以让他产生强烈的亢奋。

杰弗里总是想方设法地用各种手段来折磨被害人，以满足自己的欲望。比如，有一次，他没有立刻杀掉一名被害人，而是在他的前额开了一个小洞，然后往里面注入一些水银。此时，被害人受尽折磨，但他并不会很快死去，而是要过一两天才真正死去。

对此，心理学家分析认为，杰弗里之所以杀害和如此折磨被害人，是因为他在寻求控制感，以逃避自己的孤独感和被遗弃感。他通过这种变态的方法让那些被害人与自己待在一起。

最后，心理学家经过研究发现，杰弗里·达默还非常信奉魔鬼。他曾说："我不知道是否有上帝，是否有魔鬼。但是我觉得他们都在影响我。"因此，他认为只有杀死更多的人，才能收集各种力量，才会让自己更加强大。

\ \ \ 犯罪心理画像专家有话说

心理画像专家表示，很多连环杀手都具有变态心理，有可能是精神病发作、对作案目标的人性物化、喜欢操纵目标人物的生命，将其当作蝼蚁并自命为判官的心态。之所以会有这样变态的心理，是由于在他们的童年就已经埋下了种子，不管是在物质上还是在内心上，隐藏着很多不安的因素。

经过研究发现，在六七岁这个阶段，在孩子生活中占据重要地位的人是他们的母亲，他们会在此阶段学习爱的能力。可很多杀手却在此期间与母亲关系冷漠，甚至受到排斥，缺乏呵护和精神的温暖，甚至还会遭到家暴，导致他们从小就被剥夺了爱的能力，这让他们心灵上受到极大的创伤。

而在青春期，如果此时他们没有被"拯救"，最终就会走向犯罪的道路。罪犯之所以会杀人，是因为内心的孤独感无法排遣，心理画像专家表示，这种孤独感是造成他们日后杀人的重要原因。而当罪犯实施第一桩谋杀案后，会将谋杀的过程加进自己的幻想中，所以会渴望更完美的犯罪，并将之前的作案行为作为参考。一旦开始第二次，就会成为连环杀手。

第三节　英国"死亡医生"——哈罗德·希普曼

1998 年 6 月 24 日上午，英国曼彻斯特海德小镇上的格兰迪女士一直没有去社区报到。这让朋友们感到有些异常，因为格兰迪女士在社区一向活跃，而且从来不会缺席活动。因此，有两个朋友决定去她的家中一探究竟。

进入格兰迪家中后，他们发现她蜷曲在沙发上，好像在睡午觉。可是，当他们走近一看，发现格兰迪女士脸色苍白，浑身冰冷，种种迹象表明她已经死亡！这让朋友们很惊讶，虽然格兰迪女士已经 81 岁了，但她的身体一向硬朗，从来没有得过什么大病，前两周她才旅行回来。平日里，她也经常自己开车外出。

虽然有些人认为格兰迪女士的死有些异常，但他们并没有对她的突然离开产生怀疑。在格兰迪女士去世的当天，她家附近的一家小律师事务所收到一份凯瑟琳·格兰迪的遗嘱。可是这家律师事务所与格兰迪并没有太多的接触，不知道这份遗嘱为何会发给自己。遗嘱内容是将格兰迪女士的 80 万英镑的财产全部赠给她的医生哈罗德·希普曼。

哈罗德·希普曼是海德镇上最有名的医生，今年已经 52 岁了，是 4 个孩子的父亲。他的医术非常精湛，待人亲切、和善，海德镇上的很多居民都会前往他的诊所看病。

可是，收到格兰迪遗嘱的律师并不放心，因为这份遗嘱是格兰迪去世几周前立的，而证明人却不记得这件事。随后，律师联系了格兰迪的女儿安吉拉，向她说明了其中的疑点。安吉拉也是一名律师，她清楚地记得母亲的遗嘱在两年前就存放在律师事务所中。在查看这份遗嘱后，她发现签名有些奇怪，不像是母亲的签名。因此，她怀疑这份遗嘱的真实性，便向警方报了案。

于是，警方开始对这起案件进行调查。如果想要深入地了解格兰迪的死因，那么，首先要做的第一件事就是开棺验尸。于是，警方挖出了格兰迪的尸体，并对她的尸体进行化验。

与此同时，警方对希普曼的诊所进行搜查。结果发现，希普曼有一台打字机。经检验得知，这台打字机打印出来的字迹与那份遗嘱上的字迹完全吻合。另外，警方还在遗嘱上提取到与希普曼相吻合的指纹。

不久，验尸结果也出来了，格兰迪并不是自然死亡，因为在她的体内残留着足以致死的吗啡。于是，警方立即逮捕了哈罗德·希普曼，但希普曼却声称自己是无辜的，还指责格兰迪有滥用药物的习惯，而且还有毒瘾。

随后，媒体将希普曼的犯罪细节公布于世。不久，警方就收到很多匿名电话，声称很多年老的妇人在希普曼那里就诊后就死亡了，因此，很多人都称他是"死亡医生"。这引起了警方的注意，他们认为这并不是简单的谋财害命案件，有可能是连环杀人案。

与此同时，海德镇上的一些居民也纷纷报警，声称自己母亲在去世时死得非常蹊跷。于是，这些死者的灵柩都被一一打开，警方在她们的遗体上都找到了吗啡的痕迹。很显然，凶手就是哈罗德·希普曼。法医检查死者的遗体发现，这些吗啡的剂量并不是帮助病人安乐死，而是纯粹的谋杀。

1999年10月5日，英国曼彻斯特的警察依据他们搜集的犯罪证据对哈罗德·希普曼提出了起诉。在2000年1月31日，法院宣布哈罗德·希普曼因谋杀罪被判终身监禁，而且永不释放。

但是，还有些被害人家属的控诉并没有得到法庭审理，没有得到公正的对待。对此，他们要求政府对这起案件进行彻底的调查。于是，政府成立了专门的调查小组，对这起案件加大调查力度。

在 2002 年 7 月 19 日，调查小组公布了第一阶段调查报告。这份报告指出，除了法院判决的 15 项杀人罪外，还有将近 200 位病人被哈罗德·希普曼杀害。这些被害人中年龄最大的是 93 岁的妇人，最年轻的是 41 岁的中年男子。

另外，报告还指出，哈罗德·希普曼第一次杀害自己的病人是在 1975 年 3 月。他的杀人手法是向病人体内注入吗啡，然后更改电脑中的病人记录，让他人不会对病人的死亡产生怀疑。而这些大量吗啡是希普曼利用自己的医生身份轻易获得的。

据警方调查统计，在过去的 20 年中，哈罗德·希普曼至少每个月就会杀害一个病人，在他那里就诊的病人死亡率高达 20%，是名副其实的"死亡医生"。而在希普曼杀害的病人中，有不少都是邻居或熟人，有 6 个被害人竟然居住在同一条街上。

在 2004 年 1 年 13 日，哈罗德·希普曼在英国韦克菲尔德监狱里上吊自杀，结束了自己罪恶的一生。

在他死后，有不少心理专家对他的作案手法和心理进行了研究和分析。为何希普曼会使用吗啡来杀人呢？为何他杀害的都是那些年老的妇人呢？对此，有心理学家分析，这可能与他的母亲有关。

在希普曼 17 岁的时候，年仅 43 岁的母亲却患上绝症，因此，母亲总是靠吗啡来缓解疼痛。希普曼每天看着母亲被病痛折磨得死去活来，心里非常难受。一直以来，母亲对他相当关心，时常开车送他上学，并督促他学习，同时，母亲对他有着很高的期望。在母亲患病后，他的学业也受到了影响。

可在学校里，希普曼从来不向同学说起自己的家庭状况，也没有人知道他的母亲得了绝症。他看起来相当孤傲和高冷，虽然与同学不合群，但同学们并没有非常讨厌他。不过，在橄榄球场上，他就像换了一个人，会非常凶悍地扑倒对手。

1963 年，17 岁的哈罗德·希普曼目睹疼爱他的母亲去世，这对他的打击非常大。可是，第二天他出现在学校时，却异常冷静地告诉自己的好友，他的母亲去世了。对此，有犯罪心理学家表示，他的这种表现是基于埋藏个人隐私的心理，只向他人展示别人想看到的，却从来不会多说自己的秘密。

有犯罪分析专家表示，虽然他母亲的去世激发了希普曼学习医学的兴趣，可是，与此同时，也让他产生了利用吗啡杀人的欲望，他无法容忍那些与母亲年龄相仿的人平安、健康地活下来。

1974 年，哈罗德·希普曼还是年轻的实习医生时，他总是努力地工作，同事们总是能看到他不知疲倦的身影。由于希普曼医术高超，待人态度友善，很多病人都非常喜欢他。与其他医生一样，希普曼的患者也会出现死亡的现象，尤其是年老的妇人或是患有慢性疾病的患者。起初，大家并不在意，因为在医院出现死亡的事件是非常常见的。而且，希普曼在自己的患者死亡后，总会更加积极而努力地投入工作中。

后来，希普曼的同事发现他有癫痫的症状，会时不时地晕倒。可是，他依然不知疲惫地继续投入工作中去。不久，有同事发现他在药房中伪造药方，给自己开很多止痛药，才知道他并不是患有癫痫。当同事质问他时，他声称自己对这种止痛药有药瘾，并请求同事不要告发他，他会辞职接受治疗。后来，希普曼接受了 3 个月的治疗才戒掉药瘾，并交了罚款，因此没有进监狱。由于希普曼的医学报告称他的药瘾已经治好了，因此，医学理事会批准他继续行医。

不久，哈罗德·希普曼就成为了全科医生，此时，他有着幸福的家庭，但是这一切没有消除他报复的心理。在医院中，很多医生都在救死扶伤，但希普曼却对死亡非常上瘾，他开始利用病人来满足自己杀人的欲望。

1977 年，他在海德镇的一家医院当上了医生。很快，他就得到了小镇上的居民的信任。因为他总是愿意耐心地听病人倾诉，并且经常去患者的家中问候他们的病情。不仅如此，他专做家庭出诊，尤其是对年迈而独居的寡妇，总是找理由给她们注射吗啡，然后她们就会安详地去世，犹如睡着了似的。

犯罪心理学家分析，希普曼的杀人带有母亲病逝的惨痛回忆，看着身边死去的患者，就好像看到母亲去世时的情景。他非常喜欢看别人死去的那一刻，那会让他自己看起来很强大，从而满足他操控他人的心理。

在杀人后，希普曼能够很好地隐藏自己的犯罪线索。他总是会回到死者的住所，看他们是否被送到医院或是被尸检。如果病人的家属要求尸检的话，他总是提前伪造好患者的治疗记录，将问题推到患者身上，让其家属放弃尸检的想法。

1991年，哈罗德·希普曼突然辞去了医院的职务，自己开起了诊所。于是，他的很多病人都追随他来诊所看病。犯罪心理学家分析，这确立了他在很多患者心目中的威信，并为他实施杀人计划提供了更多机会。的确，在接下来的时间里，希普曼利用职务之便开始杀害自己的患者，直到1998年，格兰迪女士的死亡才结束了他的杀人生涯。

有犯罪心理学家认为，哈罗德·希普曼是一个典型的精神病态者，他会残忍地杀害自己的病人，并将错推到被害人身上。而杀人会让他感到非常兴奋，这正是连环杀手的心理病态性格，他患有反社会型人格障碍。这种性格的人不会自觉地服从社会规范，而且易怒，有攻击性，不知悔改。他们会为了满足自己的需求而利用暴力、恐吓、魅力等手段来操纵他人。

希普曼正是通过关心和慰问患者来展现自己的个人魅力，给人造成一种容易亲近的错觉，以此骗取海德镇更多居民的信任，从而为他杀害他人创造机会。

\ \ \ 犯罪心理画像专家有话说

心理画像专家表示，很多杀手在进行犯罪时，他们的内心早已策划好了一切，他们是这场"心理游戏"的策划和制定者，会按照自己设定好的规则来进行杀戮，他们自诩是"上帝"。为了躲避警方的调查和追捕，他们会运用"精妙"的手段来制定"心理游戏"的规则。

不过，大多数的杀手会在制定规则时丧失心理控制能力，从而让他们变得越发大意，出现了很多漏洞。这就会在犯罪现场留下很多证据，而警方则依靠这些证据将其抓获。

第四节　弗吉尼亚理工大学枪击案——无情杀手的背后

2007 年 4 月 16 日清晨，弗吉尼亚理工大学的大多数学生都在睡梦中，而一名叫格莱沃的学生却没有睡着，因为他刚刚结束通宵自习。此时，他正准备去洗手间洗漱一下，以让自己清醒。

当他正在洗手间洗漱时，他的室友赵承熙走了进来，但他们并没有彼此打招呼，因为一直以来他们都是以这种方式相处的。23 岁的赵承熙对于格莱沃来说，就像一个陌生人，虽然他们是室友，但他却一点也不了解赵承熙。赵承熙每天都是面无表情，不和任何人说话，更没有相熟的朋友。遇到同学就如看到透明人一样，好像看不到他们似的。可让格莱沃想不到的是，这是他最后一次见赵承熙。

早上 7 点 15 分，911 报警中心接到了弗吉尼亚理工大学一名女生的报警电话，声称宿舍发生了枪击案。于是，救援人员火速赶往事发地点。当他们到达案发现场时，发现有两人中枪。不幸的是，两人均已身亡，一名是大一的女生埃米丽，另一名是叫克拉克的男生，他是学生管理员。

随后，警方也赶到了事发现场，并对案件展开调查。可是，目击者少之又少。那名报警的女生也是回宿舍时才发现同学被杀，而大多数学生并没有听到枪声。即使有人听到了"砰砰"的响声，也不会联想到枪杀案，因此，极少有人出去看看情况。因此，警方猜测，罪犯在行凶完就立刻逃离了现场，因此并没有人看清他的真面目。

紧接着，警方开始在校园展开调查，封闭校园的电梯。很多学生都不知道发生了什么事情，但看到警察在四处搜查，都感到莫名的害怕。起初，警方怀疑这起枪击案有可能与感情纠葛有关，因此，他们着手调查女性被害人的男友。但这是一个非常错误的判断，并为接下来的悲剧埋下了伏笔。

让警方想不到的是，凶手此时正在校园徘徊着。凶杀案发生后，赵承熙回到了宿舍，整理自己准备邮寄的资料，然后离开宿舍去邮局，邮包上的收件地址是美国国家广播中心。

犯罪心理学家路易斯·施勒辛格认为，此时的赵承熙在杀完两个人之后，更加坚定了自己的信心，他准备执行自己更大规模的"屠杀"计划。因此，他将邮件寄给了媒体。

此时，还有很多学生并不知道已经有人遇害了。9 点 26 分，学校发出了通知，告诉同学们宿舍中发生了枪击案，现在警方在进行调查，让学生们注意安全。如果发现可疑人物，立刻与学校警卫联系。可是，弗吉尼亚理工大学有 26000 多名学生，又有多少人没有看到这一通知呢？

在通知发出 4 分钟后，赵承熙走进了诺里斯教学楼，那里都是上课的师生。他带着两把手枪和多发子弹，还带有刀子。不仅如此，他还带着两条锁链，目的是将教室的门锁起来。当时，教学楼如往常一样非常安静，这一切只是暴风雨来临前的平静，一场腥风血雨即将到来。

赵承熙快速打开 206 教室的大门，随即对教室中的师生进行扫射，1 名教授和 9 名学生当场中弹身亡。接着，他又走向另一间教室。所有的学生都吓得趴在地上，不敢动弹，更没有人敢上前阻拦他。在整个射杀的过程中，赵承熙面无表情，更没有一丝的害怕。

隔壁班级的同学们听到枪声后，有的学生吓得躲在桌子下，有的学生则用课桌抵住教室的大门。可是，赵承熙却在外面狠狠地撞着教室的大门，门被撞开了十几厘米。有几个学生立刻上前，将门再次关紧。随后，赵承熙在门外对着门开始射击。

最后，赵承熙走到了 204 教室。当时，正在上课的一位老教授做了一件非常可敬而勇敢的事情。他一个人死死地抵住教室的大门，命令学生们赶快逃跑。于是，很多学生纷纷打开窗户，从楼上跳了下去。可那位教授却力不抵赵承熙，最终被赵承熙撞开了门并杀死。

9 点 45 分，警方接到了来自弗吉尼亚理工大学的第二通求救电话。随即，大批警力立刻赶到事发现场，包围了诺里斯教学楼。紧接着，警察陆续进入教学楼，但他们发现很多门都被锁上了。于是，他们强行将门打开。当他们听到二楼的枪声时立刻上楼，一间一间教室地寻找凶手。

此时的赵承熙估计自己肯定是逃不出去了，于是，他拿起手枪对准自己的脑袋开了一枪。

在赵承熙行凶的 9 分钟里，他一共开了 170 多枪，杀死了诺里斯教学楼里的师生以及之前的两名被害人，死亡人数高达 32 人。

直到第二天早上，世人才知道弗吉尼亚理工大学发生了令人惨不忍睹的枪击案。人们对行凶者赵承熙的身份和背景充满了疑问：他是天生就有杀人的本性，还是由于某些精神疾病导致他杀人呢？因此，很多心理学家对赵承熙的行为和心理进行了分析。

有心理学家认为，谋杀行为其实是一个很长的心理过程的终结点，这个心理过程的起点一般都发生在罪犯的童年时期，并且是不断发展的。的确如此，在赵承熙很小的时候，他的异常行为就有所体现。

在赵承熙童年时，他就是一个沉默寡言且有些自闭的小孩子，从来不会主动与其他人交流，总是一个人躲在房间里。见了长辈也如此，从来不会主动上前问好。可是，他的家人并没有注意，以为他性格使然，不爱说话。到了高中，赵承熙的自闭倾向越来越严重。当有同学主动向他介绍自己时，他总是低着头看着桌子，没有任何回复。同学们都以为他比较害羞，不爱说话。

这正是很多心理专家总结出来的校园杀手的典型个性特征：沉默寡言、性格孤僻、独来独往，不愿与人交往，没有亲近的人，不合群，时常会有偏执、消极的情绪。

由于赵承熙是一个外国人，因此他经常遭到同学们的嘲笑和语言上的侮辱，还给他起了很多外号，从来都不喊他的名字。有时候，同学们还故意在他面前羞辱他，因为他们知道赵承熙是不会回嘴的。

在课堂上，赵承熙也永远保持沉默。他的高中英语老师让所有学生大声朗诵课文，但赵承熙不愿那么做，一直低头不语地盯着书本。最终，在老师的一再要求下他不得不读出声。但由于他是外国人，发音很奇怪，因此，同学们都取笑他的口音。

对此，美国社会学家凯瑟琳·纽曼分析，赵承熙总是将自我世界封闭，没有任何面部表情的面孔下隐藏着难以压抑的愤怒。因此，他的精神世界已经扭曲，会把自己所受到的苦难和委屈无限放大。

虽然高中的生活不尽如人意，但赵承熙的成绩却相当不错，并最终考入了美国弗吉尼亚理工大学。他的父母本以为进入大学会让他忘记高中那段不愉快的经历，重新开始崭新的生活，从而会改变他，但结果却并非如此。

进入大学后的赵承熙依然自我封闭，不愿主动与同学说话。偶尔与同学聊天，也总是说一些不着边际的话，声称自己曾与普京一起度假，自己的女友住在外太空。他的这些反常的话语让同学们惊讶不已，但他的反常举动远不止于此。

2005年秋天，赵承熙曾暗地里跟踪两名女生。两名女生将这件事告诉了学校警卫，他才收敛了自己的反常行为。可是，赵承熙的内心却躁动不安，他曾告诉室友自己可能会自杀。室友担心他会做什么傻事，及时地通知了学校。

赵承熙接受心理评估后，心理医生表示，虽然他有心理问题，但不会对他人造成威胁。

赵承熙的老师曾反映，他在教室中上课时，总是戴着帽子和墨镜，让人难以看到他的面部表情，这让人不免感到很害怕。犯罪心理学家路易斯·施勒辛格分析，这是因为他不愿让他人看到自己的样子，由于他很自卑，而且非常憎恨自己，因此，他会认为所有人都憎恨他。

在大学时，赵承熙曾写过两部戏剧，但心理学家分析其剧本发现，剧本中处处体现出他认为自己是一个被迫害者，而且内心十分偏执，有犯罪的倾向。

犯罪心理分析专家也表示，很多有暴力倾向的人都是非常不合群的，通常来说，他们不会对他人造成威胁，可是一旦他们突然爆发，不会随意攻击别人，但会有计划地杀人。比如，为自己准备好武器、设计在哪里开枪等。

的确如此，赵承熙在杀人前做了很多精密的准备。在 2007 年 2 月，他曾在网上购买手枪；3 月，他又在火药店里购买子弹，还去射击场训练自己的枪法。在行凶前，他还录了一段视频和手写了一段个人宣言。

在枪击案的两天后，美国国家广播中心收到了赵承熙寄来的录像带和手写宣言，里面的内容让所有认识他的人大吃一惊。当时的媒体只公布了录像带中的片段，赵承熙声称"是你们逼我的，我别无选择"。

而从他的手写宣言中，心理学家分析出了赵承熙的内心，对世人相当愤怒，并且对自己相当憎恨。对自我憎恨情绪的反抗，会让他沉浸在自己想象的世界中，甚至会抬高自己，想要操纵他人。这些材料都反映了他的扭曲、变态心理。

当很多心理专家集中精力分析赵承熙的心理时，有一位心理学家却最为了解赵承熙的心理，他就是美国亚利桑那大学心理学教授鲍勃·贝克特尔。因为他曾有与赵承熙非常相似的经历：从小被人嘲笑、侮辱，他总是将愤怒藏在心里，将自己与他人隔离起来。上大学后，他的杀人计划在一个寒冷的夜晚实施了。22 岁的贝克特尔拿着枪准备将整个宿舍大楼的同学全部打死。可是，当他打死一名新生后，他停手了，并向警局自首。

由于这是一起恶性事件，最终，贝克特尔被判终身监禁。不过，一份心理鉴定报告却救了他的命，在被监禁 5 年后，有位陪审员发现贝克特尔的精神状况可以被判定无罪。与此同时，那名死者的母亲也写信给法院，声称已经原谅了贝克特尔。最终，贝克特尔被释放了。

后来，鲍勃·贝克特尔彻底改变了。现如今，他已经在美国亚利桑那大学做了 30 年的环境心理学教授，而且还教授一门关于幸福心理学的课程。不仅如此，他还帮助立法机构制定一项约束校园中恃强凌弱行为的规定。

心理学家表示，很多校园杀手都是从小就被他人排挤、嘲笑，因此，他们总是生活在社会的边缘。即使他们很想走进社会，但总是被无情地拒之门外。久而久之，他们的心理就会变得扭曲、不正常。虽然他们的心理是病态的，但很少有人会去看心理医生。赵承熙的反常行为和变态心理虽然也被同学和老师注意到，但没有人真正明白、了解他在想什么。即使心理医生诊断出他心理有问题，但没有及时对其进行治疗，才导致惨案的最终发生。如果提前预防、提前安排其就医，就可能不会酿成这一悲剧。

\\\犯罪心理画像专家有话说

心理画像专家分析，暴力罪犯的特点往往是没有任何朋友、不合群等，很多罪犯都具备这一特点。而校园杀手在此基础上又常受到其他同学的孤立、排挤、侮辱等，使得他们承受常人难以体会和忍受的痛苦，这使得他们内心充满了愤怒和无助，发泄的目标也更加明确，爆发的时间也更难以控制。

对于年纪较小的校园杀手来说，他们可能会认为杀人的行为相当"酷"，会因此让自己出名，并让其他人惧怕他们；而年纪有些大的校园杀手则认为杀人行为会让他们在此过程中主宰一切。在这些冷酷而年轻的校园杀手的脸上是麻木的表情，他们的内心充满了仇恨，总是活在自我编织的幻想中。如果他们能顺利地买到凶器，比如，枪、刀等，而身边的人没有注意到他们的病态心理和行为，最终，他们就会做出屠杀的行为。